Technologies
you should know
to create future

ビジネスに効く!
教養として身につけたい
テクノロジー

工学研究者／
早稲田大学創造理工学研究科准教授

玉城絵美

SOGO HOREI PUBLISHING CO., LTD

まえがき

テクノロジーとそれによるイノベーション。

世の中にありふれ、しっかりと定義されつつも曖昧な言葉である。

私はテクノロジーの根幹が生み出される科学技術の分野で研究者、そしてテクノロジーを活用する開発者と起業家として国内外のテクノロジーを見続けてきた。研究者として国内外の多数の人とテクノロジーに関するディスカッションを重ね、開発者としてテクノロジーを提案し、起業家としてテクノロジーのサービスインをし、その他に各種専門員や教員として様々な方々のテクノロジーの捉え方を伺うなかで、一つ確信していることがある。

それは、本書発売から近い10年、コンピュータのテクノロジーによる生活と社会の大

きな変化が起きるということだ。

その変化の前にテクノロジーについての教養と準備があるかどうかが、今後の変化についてこれるかどうかの鍵となる。

本書では、テクノロジーの中でもコンピュータテクノロジーの普及にフォーカスをあてて、進歩、予測方法や想像の仕方を事例を挙げながら紹介し、最低限のテクノロジーの教養と準備を記した。

10年後も多くの読者に読んでいただけるように、できるだけ専門用語を廃し、必要な専門用語については定義や解説を加えながら執筆した。

現代人はとにかく忙しい。短時間で読み進められるよう、すでに基礎知識がある方は太字の箇所を中心に読むとよいだろう。一部難解な箇所もあるかもしれないが、そこはゆっくりと読んでいただいた上で、ディスカッションをお勧めする。

ある程度集中した状態で2~3時間あれば、テクノロジーの最低限の教養とその準備の視点が得られているはずである。

本書読了後には、未来を牽引するビジョナリーやイノベーターだけでなく全ての人が、今後の変化に対応できるテクノロジーの教養、準備に加えて、テクノロジーを活用する想像力とテクノロジー自体を生み出す一つの視点が持てるはずだ。

玉城絵美

目次

CHAPTER 1

インタフェースを知れば未来がわかる

CHAPTER 2

テクノロジーによって変わる人の身体感覚

CHAPTER 3

テクノロジーによって変わる生活

CHAPTER 4

テクノロジーによって変わる社会

CHAPTER 5

テクノロジーが実現する未来を迎えるために

CHAPTER 6

インタフェースの広がりと課題

装丁　三森健太（JUNGLE）
本文デザイン　Dogs Inc.
DTP・図表　横内俊彦

CHAPTER 1

インタフェースを知れば未来がわかる

主な内容

❶

次に普及するテクノロジーを予想するには、まずは「インタフェース」に注目する

❷

「インタフェースとテクノロジーの普及」と「社会の発展」が互いに作用しあっている

❸

AI、クレジットスコア、5G がどのように、どの程度普及するかもユーザとのコミュニケーションに必要な「インタフェース」が鍵となる

インタフェースを知れば未来がわかる

目まぐるしく変わる社会で、未来を見通して生き抜くためには、ＡＩやビッグデータなど日々現れるテクノロジーのトレンドを追うだけでは十分ではない。**必要なのは、「インタフェース」に注目すること**だ。本章では、インタフェースの変遷を知り、今後の発展を予測することがなぜ重要なのかを解説する。

そもそも「インタフェース（Interface）」とは、物の間を示す「Inter」と、対面を意味する「face」からなる語だ。

特にテクノロジー分野でのインタフェースとは、人と人や、人とコンピュータ、コンピュータとコンピュータの〝境界〟を示す。

図表1　人とコンピュータの境界であるインタフェース

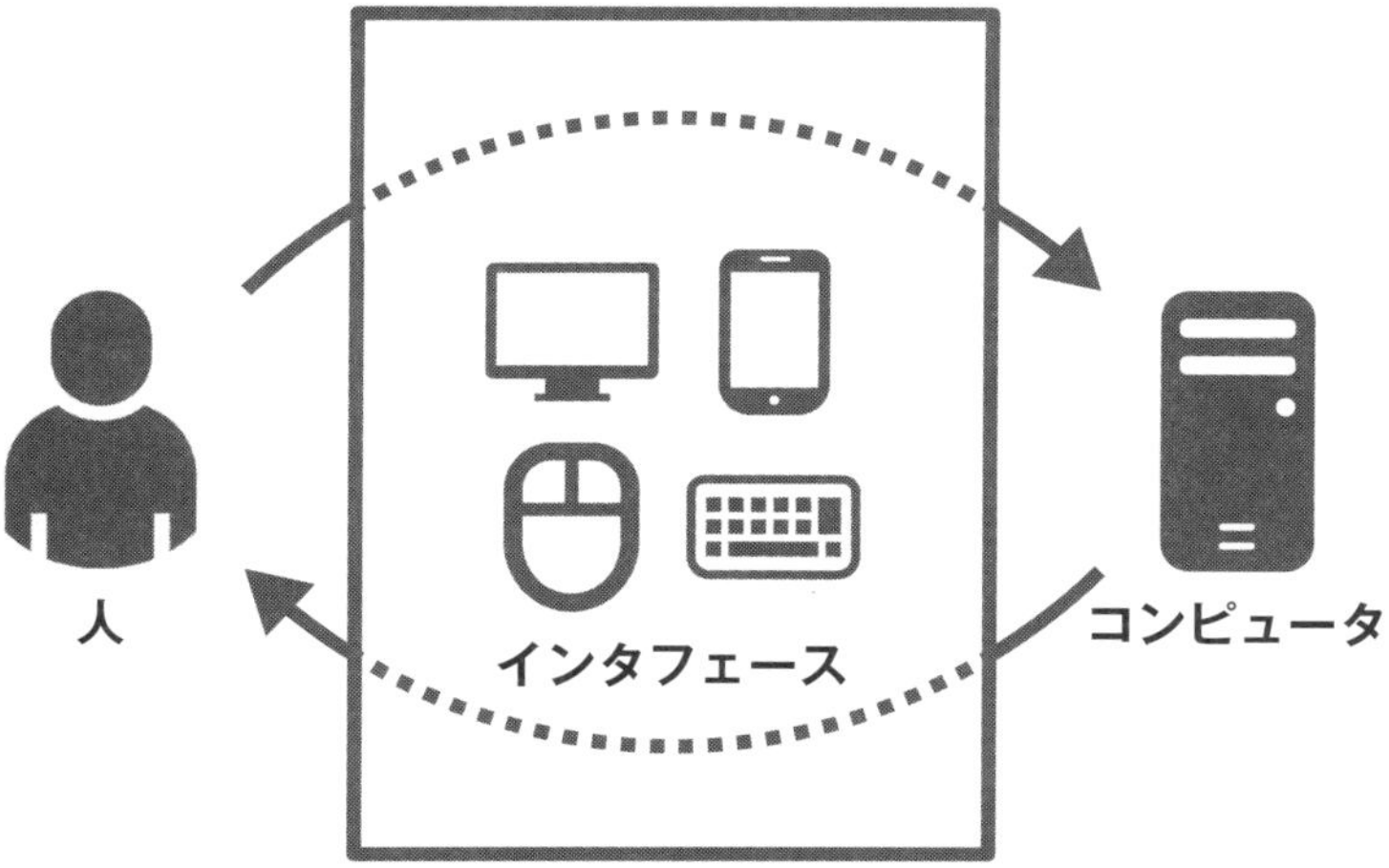

人とコンピュータの境界には、キーボードやマウス、ディスプレイやタッチパネルがあり、人はこれらのインタフェースを通して、コンピュータに要求となる情報を伝え、フィードバックである情報を受け取っている。**これらのインタフェースの普及なしにコンピュータテクノロジーの発展はなかった。**

インタフェースが発展すると、人とコンピュータとの間で行き交いする情報量が増える。そのため、人はそれ以前に比べてテクノロジーの力を最適に使えるようになる。それだけでなく、テクノロジー自体も強化されていくのだ。

インタフェースの普及年代と情報の次元数

２０１９年現在、私たちの生活はコンピュータがなければ、一部例外を除いてまともに機能しない。

現在に至るまで、コンピュータと人の境界となるインタフェースは進化を続けてきた。まずはインタフェースの普及年代と発展によって、人がいかにテクノロジーの力を利用してきたのかを見ていこう。

パンチカードシステム

１９６０年代以前まで、人はパンチカードシステム（Punch Card System、別名Tabulating machine）でコンピュータと情報を交換していた。このパンチカードシステムが、最初に普及した人とコンピュータのインタフェースである。

パンチカードシステムとは、「パンチカード」と呼ばれる厚手の紙に穴を開けて、その穴の有無によって、コンピュータへ情報の入力や出力、さらには記憶を行うシステムである。

パンチカード穿孔機《せんこうき》を使って手作業でパンチカードに穴を空け、情報を入力する。パンチカードはパンチカード分類機や照合機などの機械を通り、コンピュータが情報を処理する。コンピュータは、計算結果の情報に応じて穴が開けられたパンチカードを人に出力した。

このパンチカードシステムは、主に政府や大企業など大量の事務処理が必要な団体で活用された。パンチカードのレイアウトは、用途ごとに異なっているが、最も有名なのは国政調査員であるハーマン・ホレリス※1が開発したパンチカードとそのカード穿孔機である。1890年のアメリカの国勢調査に使用され、**手作業による集計と比較して10倍のスピードを実現した**と言われている。

後に、ホレリスの会社と他3社合同となった「タビュレーティング・マシーン・カンパニー」は、インターナショナル・ビジネス・マシーンズ（IBM）※2の母体となっていく。

パンチカードシステムの普及は、人々の大量の情報を集約し、コンピュータという新たなテクノロジーの有用性を政府や一部の大企業に知らしめるには十分だった。

しかしながら、人がコンピュータに情報を入力するためには、特定のプロトコルのもとパンチカードに穴を開ける必要があり、コンピュータから情報を読み取る際にも特定のプロトコルで一文字ずつ読み取らなければならず、効率が悪かった。そのため、磁気テープに直接情報を入出力できる「磁気テープエンコーダ」というインタフェースが開発される。

情報の入力と出力だけでなく、記憶に関する機能もパンチカードシステムから磁気テープに移り変わっていった。

CUI

1960年代に、パンチカードシステムや磁気テープエンコーダに代わる新たなインタフェースとして、キーボードによる文字情報のタイピング入力とディスプレイによる

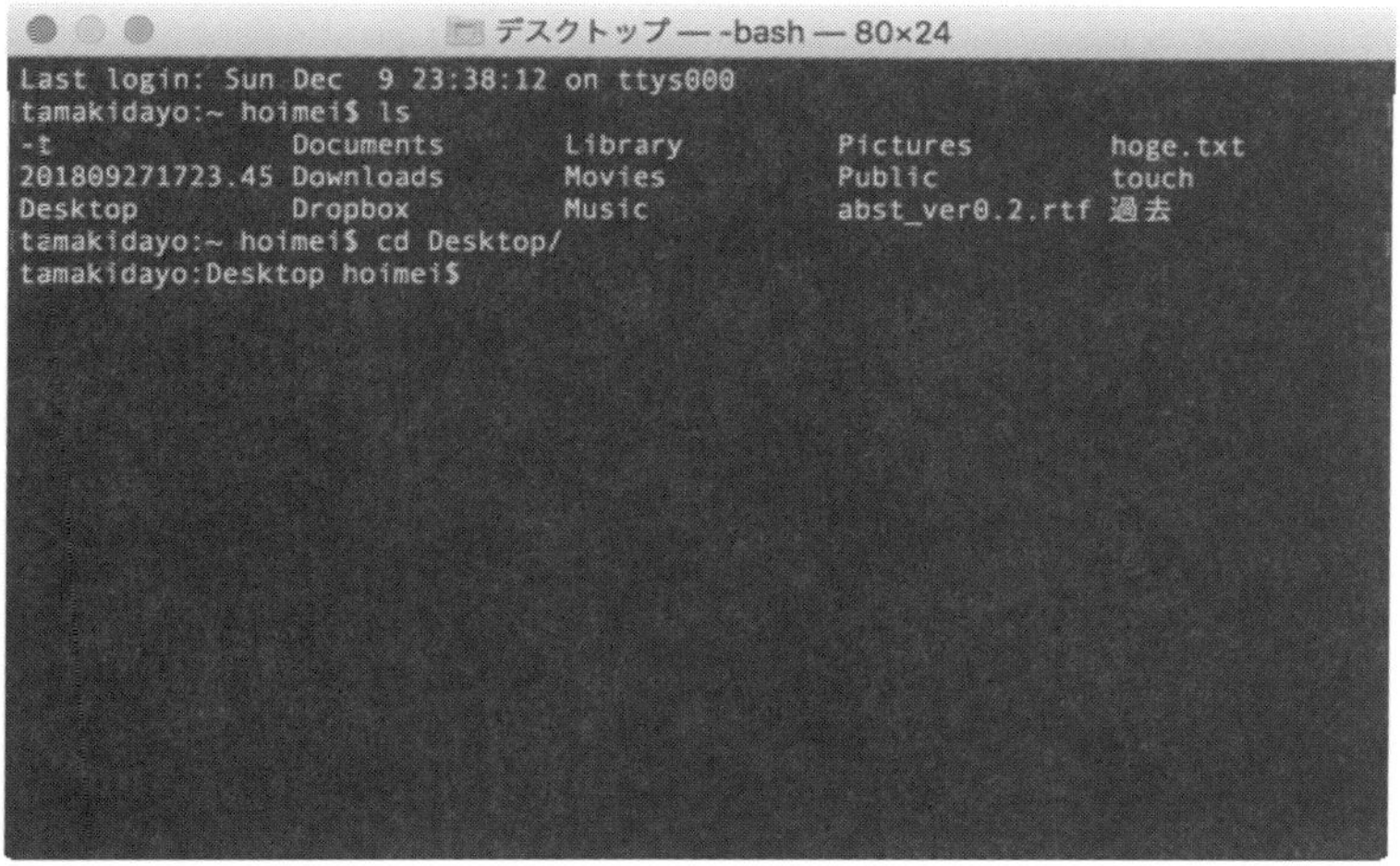

現在でも使用され続けているCUIのディスプレイ表示

文字情報の出力を可能にするCUI[※3]（Character User Interface）が登場した。

人が生活で使用する文字情報をそのまま入力し、文字情報で出力されるため、政府や大企業だけでなく、**一般企業もコンピュータとそのテクノロジーの恩恵を受けられるようになった。**

ここまでは入力・出力ともに一次元情報のため、現在と比べれば取り扱う情報量は格段に少ない。しかし、徐々に情報を入力出力する速度は速くなっていった。

マウスとGUI

1984年1月24日にアップルが

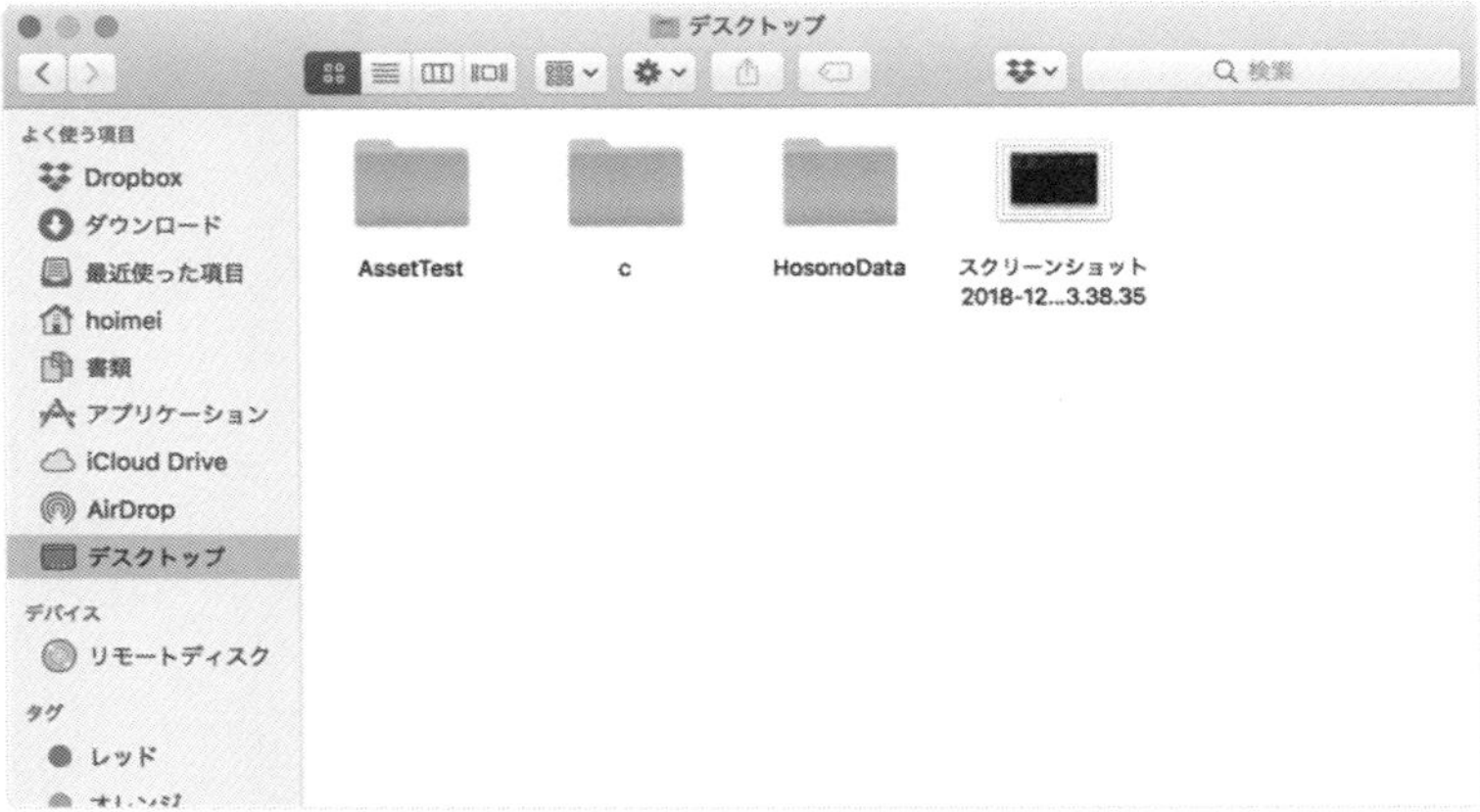

Mac OS X 上での GUI のディスプレイ表示

「Macintosh」を発表。現在でも使われているマウスとディスプレイによるGUI[※4]（Graphical User Interface）が一般的に普及するのは、Macintosh の発売がきっかけとなった。

キーボードとディスプレイで文字情報を取り扱うCUIのコンピュータの利用シーンは主にビジネスであったが、**マウスとGUIの普及によってパーソナルユーズにも利用が拡大**した。

人がコンピュータを使う時間も、それに合わせて増大した。

パーソナルユーズのコンピュータ、つまり「パソコン」が普及し、ビジネスだけでなく個人利用のためのテクノロジー、人同士のコミュニケーションを媒介するインターネット、エンターテインメントやゲームにまでテクノロジーが発展した。

マウスとディスプレイを利用するGUIの普及により、二次元情報を入力・出力できるようになった。二次元情報を取り扱えるようになると、扱う情報の質も変わり、特に画像情報が現実世界に近くなった。そのため、**専門家でなくてもコンピュータとそのテクノロジーを理解しやすくなり、人とコンピュータを行き交いする情報量が急激に増加し、言語と画像情報のテクノロジーは爆発的に進化した。**

1990年代には、キーボードとディスプレイだけでなくマイク、スピーカー、カメラやGPS（Global Positioning System）[※5]も小型化され、携帯電話が普及し始めた。同時に、人がコンピュータと交換する情報量と費やす時間も増加し、通信インフラが強化された。

それに伴い、コンピュータには、個々人の生活をサポートするテクノロジーが必要とされた。インターネットでは、ビジネス以外のゲームや交流サービスが提供され、個人

携帯電話とスマートフォン

の情報を収集・分析して広告提供するテクノロジーが発展した。

カメラを使った写真送付、電子マネー、ナビゲーションなど、インタフェースが小型化され、持ち運ばれることによって、携帯電話の用途が広がり、人々の生活も徐々に変化していった。

しかしながら、**まだこの段階で取り扱う情報は二次元情報であり、テクノロジーはパソコンの延長線上でしかなかった。**

マルチタッチインタフェース

2010年前後からは、ディスプレイと複数の指先によるタッチ入力が統合されたマルチタッチインタフェース（Multi-touch Interface）が登場し、スマートフォンが普及し始めた。

このマルチタッチインタフェースは、従来のインタフェースと比べて、少なくとも三つの新規性があった。

新規性①三次元情報の入力

マルチタッチインタフェースは、一つのポイントの二次元情報で入力するマウスと違い、二、三本の指を使って入力でき、現実世界に類似する**擬似的な三次元情報の入力が可能となった**。

新規性②入出力のインタフェースを統合

それまでのインタフェースはマウスとキーボードといった情報入力用のインタフェースと、ディスプレイなどの情報出力用のインタフェースが分かれていた。マルチタッチインタフェースでは、情報入力と情報出力用のインタフェースが統合され、より人が理解しやすいインタフェースになった。

新規性③コンパクト

情報入力・出力用のインタフェースが統合されたため、筐体がコンパクトになった。つまり、高性能かつ小型化により持ち運びが容易になったのだ。

これら三つの新規性により、スマートフォンは数年で爆発的に普及。同時に、利用者がコンピュータから入出力する情報量とコンピュータを利用する時間も飛躍的に増えた。スマートフォンは、一日のうちほぼ24時間、利用者の情報を取りつづけることができ、入力に応じた情報を出力していく。**「人とテクノロジーが生活のどんな場面でも常に一緒にいる」という状況が当たり前になった**のだ。

テクノロジーは、個々人の生活をサポートするという用途に止まらず、利用者のコミュニケーションを手助けする方向にも発展した。ソーシャルメディアの登場と普及である。その結果、世界中の人々のコミュニケーションとその文化が変化した。

現代は、**インタフェースとテクノロジーと社会の発展が互いに作用しあっている**。どちらか一方だけの発展はあり得ない。

そのために、インタフェースとテクノロジーと社会の発展を関連づけて見る力を養う必要がある。インタフェースを軸に考えながら、今後どのようにテクノロジーが発展し、社会が変わっていくのか、そしてその変化に対応する考え方を身につけたい。

次節では、2012年から流行しつつも、一般普及し始めたばかりのテクノロジーとそのインタフェースについて追っていく。

ビッグデータ、AIの発展も インタフェースが鍵

2012年あたりから流行の兆しを見せているビッグデータやAI（Artificial Intelligence、人工知能）も普及の鍵を握っているのは、インタフェースだ。

ビッグデータは、データの膨大さゆえに従来の情報技術では記録や保管、解析が難しかったデータ群を指す。IoT（Internet of Things）[※6]やユビキタス[※7]といったセンサーデータをはじめ、あらゆるデータをクラウド上に溜められる。問題は集めたデータの処理である。データが膨大かつ多次元構造のため、人が処理するのは不可能。そこで、登場したのがAIだ。

AIは本書でも度々言及することになる。AIの定義は研究者によって様々に分かれ

ている。そのため、ＡＩとインタフェースの関係の理解を深める前に、本書でのＡＩの定義を確認しよう。

統一されないＡＩの定義

ＡＩの定義は、未だ研究者の間でも大きく異なっている。国内の研究者によるＡＩの定義だけでも見てみよう。「平成28年版 情報通信白書 第1部 特集 ＩｏＴ・ビッグデータ・ＡＩ～ネットワークとデータが創造する新たな価値～」で言及されているものだけでも、定義は10以上存在する。

前述の出典から研究者らによる定義を引用すると、京都大学の西田豊明教授は「『知能を持つメカ』ないしは『心を持つメカ』である」とメカニクスの観点から定義している。ドワンゴ人工知能研究所の山川宏所長は「計算機知能のうちで、人間が直接・間接に設計する場合を人工知能と呼んでよいのではないかと思う」。慶應義塾大学の山口高平教授は「人の知的な振る舞いを模倣・支援・超越するための構成的システム」。東京大学の堀浩一教授は「人工的につくる新しい知能の世界である」と定義している。

このように定義はまちまちで、その表現方法も違うのが現実だ。

図表2　専門家による人工知能の定義

中島秀之 公立はこだて未来大学学長	人工的につくられた、知能を持つ実体。あるいはそれをつくろうとすることによって知能自体を研究する分野である
西田豊明 京都大学大学院 情報学研究科教授	「知能を持つメカ」ないしは「心を持つメカ」である
溝口理一郎 北陸先端科学技術 大学院大学教授	人工的につくった知的な振る舞いをするもの（システム）である
長尾　真 京都大学名誉教授 前国立国会図書館長	人間の頭脳活動を極限までシミュレートするシステムである
堀　浩一 東京大学大学院 工学系研究科教授	人工的につくる新しい知能の世界である
浅田　稔 大阪大学大学院 工学研究科教授	知能の定義が明確でないので、人工知能を明確に定義できない
松原　仁 公立はこだて未来大学教授	究極には人間と区別がつかない人工的な知能のこと
武田英明 国立情報学研究所教授	人工的につくられた、知能を持つ実体。あるいはそれをつくろうとすることによって知能自体を研究する分野である（中島氏と同じ）
池上高志 東京大学大学院 総合文化研究科教授	自然にわれわれがペットや人に接触するような、情動と冗談に満ちた相互作用を、物理法則に関係なく、あるいは逆らって、人工的につくり出せるシステムを、人工知能と定義する。分析的にわかりたいのではなく、会話したり付き合うことで談話的にわかりたいと思うようなシステム。それが人工知能だ
山口高平 慶應義塾大学理工学部 教授	人の知的な振る舞いを模倣・支援・超越するための構成的システム
栗原　聡 電気通信大学大学院情報 システム学研究科教授	工学的につくられる知能であるが、その知能のレベルは人を超えているものを想像している
山川　宏 ドワンゴ人工知能研究所 所長	計算機知能のうちで、人間が直接・間接に設計する場合を人工知能と呼んでよいのではないかと思う
松尾　豊 東京大学大学院 工学系研究科准教授	人工的につくられた人間のような知能、ないしはそれをつくる技術

出典：『人工知能学会誌』より

最終的に、総務省はＡＩの定義として、専門家の意見をまとめて「**知的な機械、特に知的なコンピュータプログラムを作る科学と技術**」としている。**ＡＩは未だに確定的な定義がなされていない。**

なぜＡＩの定義は統一されていないのだろうか。

理由としては、ＡＩの定義に関連する単語「知性」、「意思」、「意識」や「心」が定義かつ統一認識されていないことが考えられる。そのため、完全なＡＩの実現とその定義が困難になっている。

加えて、そもそもＡＩはイギリスの数学者であるアラン・チューリングが１９５０年代に導入した「チューリングテスト」[※8]を軽々と乗り越えられるシステムが最終形態のはずであった。

しかし、チューリングテストを乗り越えられる技術は未だ開発されていない。

現在では、チューリングテストを乗り越えるという最終形態を目指すための途中技術ですら、ＡＩと定義づけられているのだ。関連する単語の定義と統一認識のあいまいさ、技術の細分化のため、定義がばらけたのではないかと考えられる。

さらに私としては、一個体の人に医学、生理学的あるいは認知科学的以外の「意識」や「意思」、「心」が存在するかどうかも全てが解明、定義されていないため、疑わしいと考えている。存在すらも疑わしいものに定義ができるだろうか。

さて、そのような状況ではあるが、本書ではＡＩを「**人と類似あるいはそれ以上の情報処理能力を目指す機械学習もしくは深層学習を含む技術とシステム**」として取り扱う。つまり本書は、ＡＩを目指す技術面を含めてＡＩと定義づける。

三次元のインタフェース：xR

AIはデータの処理はできるものの、それだけでは十分に人にとって使いやすい技術とは言えない。大量の情報処理結果をいかに人が理解できる形で出力するかが問題になる。擬似的な三次元情報の入力であるマルチタッチインタフェースと三次元に配置されたGUIでは不十分なのだ。

大量の情報はあるものの、専門家しか利用できないという状態を招いてはいけない。そこで重要な鍵を握るのが、三次元のインタフェースである「**xR技術**」である。

xRとはどのようなインタフェースなのかという点から解説しよう。

前述のマルチタッチインタフェースまでは、出力されるのは二次元情報だったが、x

Rの登場により、三次元で情報が出力されるようになった。

xRとは、VR（Virtual Reality）、AR（Augmented Reality）、MR（Mixed Reality）の総称である。任意の「x」と「Reality」から成る言葉だ。リアリティという語が表す通り、現実世界に似た手法、つまり三次元情報で情報提示する。

VR、AR、MRそれぞれの特徴は次の通りだ。

VR（Virtual Reality）

バーチャルは「仮想」と訳されがちだが、厳密には仮想ではなく、「本物に近いが、本物とは違うもの」という意味を示している。**VRは、偽物ではないけれど、極めて本物に近い別のものである**。映像やコンピュータ・グラフィクスを用いて、架空世界や遠隔地の空間を示す。本来は人間の感覚インタフェースすべてに適応するが、頭部位置の入力と三次元映像出力のHMD（Head Mounted Display）[※9]が有名である。HMDは人の頭部位置に応じてコンピュータにより映像を変化させると、あたかもバーチャル空間にいるような臨場感を抱かせることができる。

AR（Augmented Reality）

ARは現実世界に情報を拡張したり、情報を遮蔽したりして、現実世界を情報操作したものである。拡張現実と訳される。現実の風景にデジタル情報を重ね合わせて表示する重畳《ちょうじょう》表示で知られている。

MR（Mixed Reality）

MRはバーチャルと現実の情報をリアルタイムで混合させるものである。複合現実と訳される。

それぞれの定義は専門家によって多少違いがあるが、本物に近い状態で人に情報を提示あるいは遮蔽し、従来の情報提示よりも情報量を増やす、最適なものを出そうとする点は共通している。

これらのｘＲは、現実世界に似た**三次元情報を取り扱える**ことが共通する特徴である。

そのため、前述した**ビッグデータやＡＩで処理されたデータを、人が理解しやすいように入出力できる**点で注目が集まっている。

近年では、ゲーム機やアミューズメント施設に用いられることも多い技術だが、本来は生活すべての用途のために研究開発されているインタフェースなのである。

xRデバイスの進化で分かれる二つの世界

xRの入出力インタフェースは、それまでのインタフェースと違い、ほとんどの場合が二次元情報ではなく三次元情報になっている。

三次元映像はもちろんのこと、音声も基本的にはサラウンドの三次元情報で出力される。これらにより、使用者の没入感が高まるだけでなく**コンピュータから得られる情報量も今までより格段に増える**。

例えば、設計情報を取り扱うときも、従来の二次元画面で出力されていた二次元の設計図から、三次元の設計図を作れるようになる。今までは本来三次元である情報をわざわざ二次元に落とし込んで、人が設計していた。この作業には、専門的な知識が必要になり、技術習得時間も大きなコストとなっていた。しかし、三次元の情報を三次元のまま扱うことができれば、次元変換にかかるコストが減少する。すると、作業効率も向上する。映画『アイアンマン』で主人公であるトニー・スタークがアイアンマンスーツを三次元空間で、指を使って設計していたような世界だ。

現在、xRにかかわるインタフェースは筐体が大きな物が多く、スマートフォンのように持ち運ぶのは現実的ではない。xRのインタフェースが小型化するか、このまま大きなままでいるかによって、人がxRを使う未来も変わってくるだろう。

まず、xRインタフェースの小型化が進む未来を考えてみよう。

持ち運びが容易になることは、現実世界とは別のバーチャルな世界を常に持ち運ぶことができることと等しい。よって、世界の構造が二重になったり、三重になったりする。

例えば、物質としての身体は東京にいるけれども、並列して認知科学的な意識がニューヨークやケニアに存在することも可能である。

つまり、三次元の場所と空間情報を並列して持ち運べるという状態になるわけだ。

しかし、別の未来として、xRのインタフェース自体が小型化しない可能性も考えられる。こうした「持ち運べないが、利便性だけはある」という状態では、特定の場所を重ねるという利便性は損なわれてしまう。すると、xRの利用においては、ロボットを利用したリモートワークでの仕事が重視されるかもしれない。

インタフェースの発展はコミュニケーションのコストを減らす

前節でｘＲ技術が三次元の情報を二次元に落とし込む次元変換のコストを減らすという話をした。私は本書を執筆している現在、頭の中で考えていることを言語情報に変換している。この変換には、多大なコストがかかっている。

そもそも人とコンピュータの間でコミュニケーションを取ることは、大きなコストがかかるのだ。そのコストを減らすことができるのが、インタフェースの利点だ。**今のインタフェースは、コミュニケーションコストをどんどん減らす方向に発展している。**

例えば、本章の冒頭で解説した１９６０年代まで頻繁に使われていたパンチカードシステムでは、頭の中で三次元情報で考え、それを数式に落とし込み、数式をさらにわかりやすいプログラムにし、そのプログラムを0・1の機械語情報にした上で入力をする必要があった。このようにかつて人とコンピュータの間には、莫大なコミュニケーションコストが必要だったのだ。

それが現在では、二次元のみならず、三次元情報でも入出力できるようになった。三次元の情報は三次元のままで入出力できるし、二次元の情報は二次元のまま入出力できる。それによって、コミュニケーションコストがどんどん減っている。

かつて人とコンピュータの間で必要だった専門知識という障壁は限りなく低くなった。誰もがコンピュータの力の恩恵を受けられるようになると、その分だけサービスや社会構造が変わっていく。つまり人々の生活も変わっていくのだ。

人同士のコミュニケーションコストも減少する

コミュニケーションコストが減ると、私たちの働き方も変わる。

私たちは日々、他者とコミュニケーションを取りながら仕事をしている。対面で人同士がコミュニケーションを取るときには、お互いに伝えたい要件以外にも表情や身振り手振りからいろいろな情報を交換していた。

それがコンピュータを経由したコミュニケーションになると、これまでは二次元情報しか入出力できなかったため、情報が劣化した状態で伝わってしまっていたのだ。

わかりやすい例では、電話とテレビ電話の違いが挙げられる。

電話でのコミュニケーションでは、音声データでしかやりとりができない。しかし、テレビ電話で顔が見えるようになると、よりスムーズなコミュニケーションを取れるようになる。さらに、三次元映像が出力されるように、コミュニケーションの相手とお互いに両眼のカメラ・ディスプレイを設置することで両眼視差（立体視）が生まれ、実際に対面して会っているかのような感覚に近づける。

ただし、一次元、二次元、三次元という形でコンピュータのインタフェースが進化してきているものの、現在のコンピュータでは視聴覚情報、つまり視覚情報と聴覚情報しか共有できないという問題点がある。

そこで、次元とは別の軸でのインタフェースの進化も見てみよう。それが、**センサーアクチュエーター**の軸だ。人が入出力している視聴覚情報以外のセンサーアクチュエーター情報が発達してきている。

インタフェースの発展は感覚の共有を実現する

ここで言うセンサーアクチュエーターで取り扱える情報には、味覚や嗅覚、触覚だけでなく、運動量や血糖値などの生活情報も含まれる。

嗅覚や味覚は、人同士のコミュニケーションで一部共有できる部分があった。しかし、運動量や血糖値は共有ができなかった。それらを共有できるようになったことが、インタフェースがもたらしたコミュニケーションの革命だ。コンピュータが介在することで人同士のコミュニケーションに新しい革命が起きているのだ。

そもそも、人は五感以上の感覚を備えている。

五感は古代ギリシャの哲学者・アリストテレスが定義した視覚、聴覚、触覚、味覚、嗅覚の5つの感覚だ。しかし本来、人には20を超える感覚があるといわれている。

例えば、内臓感覚や平衡感覚と言えば、納得できるのではないだろうか。満腹感、空腹感、渇き、尿意といった臓器から感じる感覚である内臓感覚や、運動や身体の傾きを察知する平衡感覚は五感とは違う〝感覚〟であることがわかるだろう。そのほかにも、圧覚、位置覚、振動覚、温度覚などの感覚が存在する。

このように人には多様な感覚が備わっているが、それらの中には人同士のコミュニケーションでは伝えられないものが多く含まれている。これまでのインタフェースはそうした五感以外の感覚に注目してこなかった。

今後は**20以上ある感覚をどのように入出力していくかという技術に注目が集まってくる。**

例えば、エレベーターで同乗した人が、危害を加えそうな動きをしていたときに、これまでであれば自分の身は自分で守るしかなかった。

それが、身体の動きである運動覚をコンピュータに入力できるようになると、エレベーター内の危険な動きが検知された時点で、エレベーターを近くの階で緊急停止させ、

図表3　センサーアクチュエーター

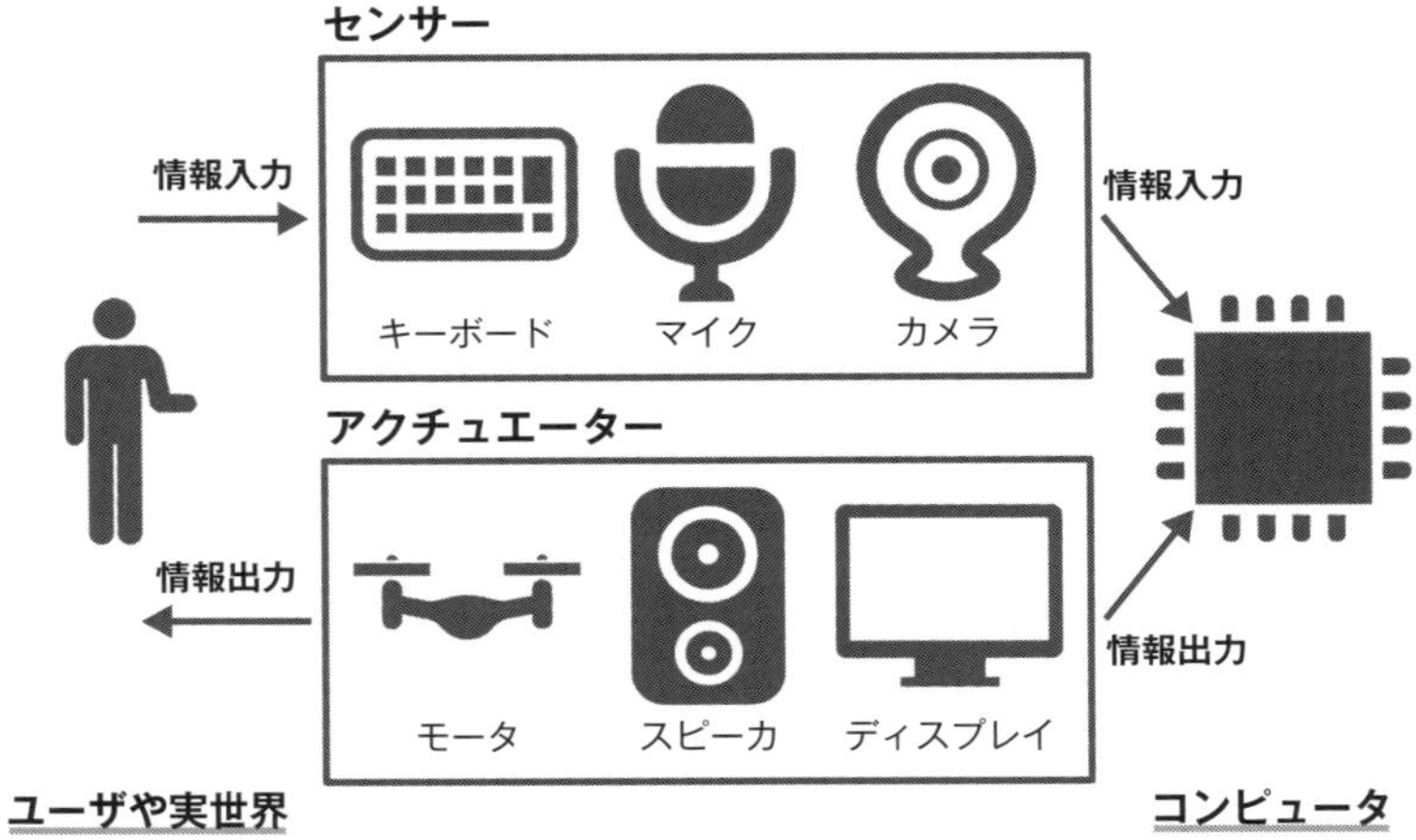

ドアを開け、被害に遭っている人を逃がすことができるようになる。

また、同じく運動覚の例では、自宅にいるときに突然倒れ、もがき苦しんでしまったとしても、床の上でもがいている運動状態をコンピュータが検知して、通報するなどの対処をすることができる。

コンピュータがどのぐらい人の補助をできるかというのは、インタフェースがどの程度感覚と情報を取り扱えるかにかかっているのだ。

これは先の運動覚の例のような防犯や不測の事態への備え以外にも、介護の分野でも活用されている。

これまで排泄に関する感覚は、他者と共有できず、本人の意思表示に頼っていた。しかし、被介護者の中には、排便感覚が調整できなかったり、便意を介護者に伝えられなかったりするケースもある。そうしたときに、これまではオムツが用いられてきたが、センサーで身体の状態を検出してくれれば、「今トイレに行くべき」「●分後にトイレに行く」といった情報がわかる。

トリプル・ダブリュー・ジャパンの「ＤＦｒｅｅ（ディーフリー）」というデバイスは、腹部に装着することで、膀胱の膨らみをセンシングし、排尿のタイミングを計ることができる。

ＤＦｒｅｅのように、様々な企業が今までコンピュータで検出できなかった感覚をいかにインタフェースで検出し、世の中を変えていくかという挑戦をしている。世の中の変化はインタフェースの発展を見ると見通せるのである。

スマートフォンから信用情報が取れるようになった

私たちが日々使っているスマートフォンには「三次元加速度ジャイロセンサー」が内蔵されている。

三次元加速度ジャイロセンサーには、三次元加速度センサーと三次元ジャイロセンサーが内包されている。加速度センサーは、単位時間当たりの速度変化（加速度）を測定するセンサーだ。人の動き、振動や衝撃が検知できるため、歩数計測や自動車のエアバック起動システムでも利用されてきた。

ジャイロセンサーは、回転角速度となる慣性を測定するセンサーである。回転角速度とは、単位時間あたりの物体の角度変化のことだ。つまり、ジャイロセンサーでは、センサーがどの程度回転しているかが検出できる。

例えば、三次元加速度ジャイロセンサーにより、スマートフォンユーザの運動量はもちろんのこと、不審な動きや目の前のタスクへの集中度もわかるだろう。睡眠中の身体の動きを感知して、レム睡眠かノンレム睡眠かも推測できる。Sleep Meister[※10]というスマートフォンのアプリでは、三次元加速度センサー利用して、設定した時間内で眠りが浅いときにアラームを鳴らしてくれる。

この三次元加速度ジャイロセンサーがインタフェースとなり、GPSと組み合わせて所有者の現在地、挙動から、所有者が正しい行動を取っているかがわかる可能性がある。

例えば、毎日日中はビーチで寝ているだけなのか、9時から17時まで会社で働いているのか、という生活パターンがわかるようになる。こうした情報がわかると、どのようなことが起きるのか。**スマートフォンから人の信用情報を取れるようになる**のだ。

クレジットスコア（信用偏差値）
～スマートフォンと信用情報～

生活行動パターンが、ＧＰＳと三次元加速度ジャイロセンサーを組み合わせるとわかってしまう。そうなると、**スマートフォンの所有者が本当に信用できる人なのかがわかってくる**のだ。

多くの人にとって「信用できる人」とは朝起きて、定時に出勤して、夕方には仕事を終えて、夜更かしせずに寝て、週末は遊ぶといったようなパターン化された生活を送っている人を指すだろう。もしくは働いていないときは、教育を受けたり、自らの知見を広める活動をしたりするかもしれない。こうした一般的な信用性までもがインタフェースによって判断されてしまう。

クレジットカードの使用限度額は、これまでクレジットカードのクレジットヒストリー（返済履歴）から決められていた。それが、インタフェースで取られたデータから本人の信用を示すクレジットスコア（信用偏差値）を表示できるようになれば、クレジットヒストリーではなく、三次元加速度ジャイロセンサーのデータでクレジットスコアが変わってしまうかもしれない。インタフェースのテクノロジーは、金融にまで影響を及ぼしてくる可能性があるのだ。

一つのインタフェースでも、どれだけ世の中が変化していくのかを予想できる顕著な例だ。

さらに所有者がどのような生活をしているのか詳細なデータを取ることができる。仕事にどの程度の時間取り組んでいるのか、料理を丁寧に作る様子、腕を振り上げて誰かを殴っている様子など、詳細な情報を取ることができる。

GPSの情報と組み合わせることで、「この人は料理人として、レストランで真面目に働いている」「この人はボクサーで、ジムで毎日トレーニングをしている」といったことがわかるようになる。

あるいは、ジムや試合会場などの場所ではなく、街中で人を殴る動作が感知された場合、「この人は街中で一般人に暴力を振るっている」ということがデータから推測されるようになる。

このように24時間常に傍にあるスマートフォンから、所有者の身体の動きの情報が取れることで、その人が誠実に働いているのか、それとも不誠実な生き方や反社会的な行動をしているのかがわかってくる。三次元加速度ジャイロセンサーは、GPSと連動した人の行動検知の分野で研究が進んでいるため、個人の行動がわかると、その人の総合的な性格や生活様式までテクノロジーが把握できるようになるのだ。

こうした**クレジットスコア（信用偏差値）が可視化されやすい社会になると、人の信用の元となる情報を売り買いする技術が登場する。**

中国ではレンタルサイクルですらクレジットスコア（信用偏差値）が紐付けられ始めている。今まではお金を払って自転車を借りて、所定の場所に戻すとデポジットが戻ってくるだけだったが、自転車を借りた後に、返すべき場所に問題なく返したか、それとも返さなかったのかといったデータが溜まっていく。

中国はQRコードで口座が管理されている。クレジットスコア（信用偏差値）としてレンタルサイクルの利用履歴が利用されるようになったため、その人がどのくらいのお金を借りられるか、携帯電話の契約ができるのかといった生活に必要なクレジットスコア（信用偏差値）にまでレンタルサイクルの利用履歴が関わってくるようになっている。

これまでは自転車の貸し借りでしか、クレジットスコア（信用偏差値）が使えなかったのが、三次元加速度ジャイロセンサーとGPSが加わると、その人の生活行動全般に広がる可能性がある。

また、日本でもタイムバンク[※11]やVALU[※12]といったサービスが登場している。これらはソーシャルメディアでのフォロワー数や人気度によって発行株数と価格つまり信用を決めるものだ。

ここまでの話を整理しよう。まず、私たちが生きている現代において、信用情報は銀行とクレジットカードのクレジットヒストリーだった。借りたお金を返せているか、定期的にお金を払えているかといった情報が信用情報になっていた。
近年では、中国でのレンタルサイクルのように物の貸し借り、日本のタイムバンクのようにソーシャルメディアのフォロワー数に代表される知名度がクレジットスコア（信用偏差値）、つまり信用情報として捉えられるようになった。
さらに、今後は三次元加速度ジャイロセンサーとGPSによる信用情報が拡大していく可能性がある。インタフェースが一つ増えるだけで、金融システム、ヒューマントラスト、お金の価値まで変わるかもしれない。それぐらいインタフェースが社会に与える影響というのは大きいのだ。

未来がどのように変わるのかを読み解くヒントとして、インタフェースに注目することが重要なのだ。

AIやコンピュータの計算速度の進化など、テクノロジーには注目を集める話題に事欠くことがない。しかし、今自分が持っているデバイスのインタフェースに注目するだけで、いくつもの未来のシナリオを描くことができる。インタフェースにどれだけ注目できるかが、未来を予測する一つの方法なのだ。

5Gとインタフェース

マルチタッチインタフェースや各種センサーが付属するスマートフォンの普及によって、2010年代に通信トラフィック量が大幅に増大した。そのため、それまでの通信規格であった3Gの後継として、4G（第4世代移動通信システム）に移り変わった。スマートフォンの移動ナビゲーションシステムやスマートフォンを介した人の信用情報の行き交いなど、様々な要因から通信トラフィック量が増大している。

2020年までのIoTとセンサーシステムの普及により、通信トラフィック量は現在の10倍になるとも、100倍になるとも言われている。この通信トラフィック量に4Gでは耐えることができないのだ。

２０１７年夏に大手通信会社のネットワークが落ちるという問題が発生した。原因は、通信情報量が莫大になったこと。以前から次期通信規格の計画は進められていたが、これにより早急な対応の必要性が現実味を帯びたのだ。

そこで、５Ｇ（第5世代移動通信システム）が新しい規格として登場した。

５Ｇは、高周波を使うことでより多くの通信トラフィック量を取り扱い、さらには光、セルラー、衛星技術も含めＳＤＮ[※13]（Software Defined Networking）やＳＯＮ[※14]（Self-Organizing Networks/Self-Optimizing Networks）、ＮＦＶ[※15]（Network Functions Virtualization）をはじめとする様々な通信制御によってインフラ周波帯を効率良く使う。５Ｇのプロトタイプは２０１９年から始まり、ビジネスでの実用化は、２０２０年以降だろう。

５Ｇによって、大量の通信トラフィック量、多くの情報が高速に伝えられる。すると、より多くのデバイスや人が同時かつ高速に、ネットワークにつながられる。その結果、リアルタイムで共有できる情報量が増え、動画もリアルタイムで共有できる。動画の共有にタイムラグがなくなることで、他者の視点をリアルタイムで共有することができるのだ。

そうなると、今まで研究段階で止まっていたインタフェースが実用化されてくるだろう。5Gが出る前にインタフェースを出しても、通信インフラの都合で間に合わないからサービスインできなかったところが、インフラが整ったことを受けて、すぐサービスインしようとするのだ。

例えば、これまでVRでのテレビ会議は通信速度の問題があり屋外で使えなかった。屋外でVRでのテレビ会議をすると、通信が途切れたり、技術的にできたとしても金額が高かったものが、通信規格が変わってくると、安定したり、安く利用できたりするようになる。

例えば、車を運転しながら、VRテレビ会議をしたり、ロボットに意識を接続したりするように変わるだろう。

これまでは通信規格というインフラがそもそも弱かったのだ。**5Gが導入され、インフラの制限がなくなった後、果たしてどのようにインタフェースが変わるかで、社会が**

どのように変化していくかが決まる。近い未来の５Ｇ登場後、必ずどのようなインタフェースが登場したかに注目しなければならない。

NOTES

※1 **ハーマン・ホレリス**　アメリカの発明家（１８６０年2月29日－１９２９年11月17日）。パンチカードを使用し、統計情報を迅速に集計するタビュレーティングマシンを開発。後にＩＢＭの一部となる会社を創業した。

※2 **インターナショナル・ビジネス・マシーンズ（ＩＢＭ）**　アメリカ合衆国ニューヨーク州アーモンクに本社を構える世界１７０カ国以上で事業を展開しているコンピュータ関連製品およびサービスを提供する企業。

※3 **ＣＵＩ（Character User Interface）**　コンピュータの操作において、キーボードなどからの文字列を入力とし、情報の出力を文字によって行うユーザインタフェース。

※4 **ＧＵＩ（Graphical User Interface）**　コンピュータのディスプレイで、アイコンや画像を多用し、マウスなどのポインティングデバイスによる直感的な操作を可能にするユーザインタフェース。

※5 **ＧＰＳ（Global Positioning System）**　アメリカ国防総省が軍事用に開発。航空機や船舶の測位のほか、自動車のカーナビゲーションシステムや地理測量など、１９９０年代から民生用途での利用が可能になった。

※6 **ＩｏＴ（Internet of Things）**　センサー機器や建物、家電などこれまではインターネットに接続されていなかった物が接続され、あらゆる物がインターネットを通じてつながることによって実現する新たなサービス、ビジネスモデル、またはそれを可能とする要素技術の総称。

※7 **ユビキタス**　身の回りのあらゆる場所にあるコンピュータや情報機器が、相互に連携して機能するネットワーク環境や情報環境のこと。

※8 **チューリングテスト**　１９５０年にイギリスの数学者アラン・チューリングによって考案されたコンピュータが知能をもつかどうかを判定するテスト。人および人を模倣するコンピュータに対し、ディスプレイとキーボードを介して様々な質問をし、その返答の様子から、どちらが人でどちらがコンピュータか区別ができないようであればコンピュータが知能をもつとみなすというもの。

※9 **ＨＭＤ（Head Mounted Display）**　頭に装着する画像表示装置の総称。小型のディスプレイにコンピュータが作り出す映像を表示し、仮想現実や拡張現実を体験させる。

ゴーグル型、ヘルメット型、眼鏡型などがある。

NOTES

※10 **Sleep Meister** 端末に内蔵されている三次元加速度ジャイロセンサーを用いて人の体動を感知し、眠りの浅いタイミングでアラームを鳴らすことにより、快適な目覚めをサポートする目覚ましアラームアプリ。

※11 **タイムバンク** 株式会社タイムバンクが提供する個人の時間を売り買いできるフリーマーケットサービス。出品されている時間を買って、専門領域の相談やデザインの依頼、コンサルティングなど専門家に様々な依頼ができる。

※12 **VALU** 株式会社VALUによって運営されているフィンテックサービス。個人が株式会社のようにVAとよばれる擬似株式を発行することができ、売りに出されたVAは自由に売買することができる。取引は全てビットコインを用いて行われる。

※13 **SDN**（**Software Defined Networking**） 各種ネットワーク機器や経路といった物理的な構成の制約を受けずに、ソフトウェアによってその構成や機能を制御する技術の総称。

※14 **SON**（**Self-Organizing Networks/Self- Optimizing Networks**） 最適なネットワーク構成を探す手法とプロトコルの一つ。

※15 **NFV**（**Network Functions Virtualization**） 仮想化技術を使ってネットワーク機能を汎用サーバ上で実現すること。

CHAPTER 2

テクノロジーによって変わる人の身体感覚

主な内容

❶

xRの次は
身体を二人以上の複数人数で
共有して使う
BodySharing

❷

遠隔地にいるロボットや
他者の身体を借りて、
経験を共有しあう

❸

現代の
「身体ごとの位置の移動」から
「認知科学的な
意識のみの移動」に
移動の概念が変容

xRが人の想像力を増幅する

テクノロジーの登場によって、人は思考を拡張できるようになった。

より具体的に言えば、私たちは**テクノロジーによって、外部記憶を短時間で引き出せるようになった**。これが現代の人類の大きな進歩だ。

コンピュータを通じて、すぐに外部データにアクセスできるようになり、わからない単語に出合ったときも、辞書を引くのではなくスマートフォンで検索したり、他の人が解説している動画を見たりするようになった。こうした行動の変化によって、私たちは短時間で記憶を外部から持ってくることが可能になり、その分のエネルギーを他の思考・行動に振り分けることができるようになったのだ。

次に前章で解説したVRやARといったxR技術を使うと、今まで人が想像しえなかったことや、体験できなかったことを体験できるようになる。

さらに、AIにより生成された、人類では未だ発見できていない新しい思考方法を体験することもできるだろう。

AIは基本的には「やってはいけないと定義されないこと」にも、積極的にアプローチしていく。人が思考に制限をかけてしまう方法にもAIであれば到達できる。

そして、このAIが見つけた思考方法はxRを用いることで、動画像や、より直接的に身体動作で出力できる。外部記憶から外部体験、外部思考にまでxRは人を拡張していく。

人が100人、200人集まって会議してようやく出てくるような結論でさえ、AIは瞬時に導き出し、その結果をxRを通じて人に伝えられる。

有名な例としては、囲碁や将棋の新しい布石や攻め方が数多く出てきている。xRというインタフェースが人に新しい思考方法を与え、想像力を増幅するのだ。

また、囲碁や将棋といった活用例以外では、三次元情報に加えて時系列情報も重要となる未来予想結果、例えば地震、津波や地滑りなどの二次災害予想があげられる。これらはＡＩが算出できたとしても、二次元のディスプレイを使って人間が瞬時に理解するのは難しい。そこで、ｘＲを使った三次元ディスプレイ、聴覚や触覚などの他の感覚器への提示により、人間が瞬時に理解できるようになる。

ｘＲの次を担うBodySharing

こうして人の想像力を増幅する力のあるｘＲだが、すでに次を担うテクノロジーの研究も進んでいる。それが**BodySharing**だ。

BodySharingの定義は、「**身体に付随する感覚の相互共有によって身体を二人以上の複数人数で共有して使うこと**」とされる。このときの〝身体〟とは、人の身体だけでなく、ロボットの身体やバーチャルキャラクターの身体も含まれている。また、Body-Sharingは、後述するテレイグジスタンス[※1]やテレコミュニケーション、リモートワーク[※2]なども内含している。

ロボットにしても、バーチャルキャラクターにしても、独自の体のアクチュエーションと制御機構がついている。そこに人が入っていくのがBodySharingだ。

当然、人と人の身体同士を共有するのもBodySharingである。

インタフェースとしてBodySharingに統括される様々なテクノロジーが盛んに研究されて、企業からも注目が集まっている。

具体的な事例として、テレイグジスタンスが挙げられる。

テレイグジスタンスは、東京大学名誉教授の舘暲《たちすすむ》氏が1980年頃に日本で広めた。ユーザが現存する場所とは異なる遠隔地に身体としての存在感を伝えるシステムと遠隔地で自在に行動するという概念と技術体系である。

例えば、遠隔地にロボットを置いて、ユーザは家の中にいるまま、ロボットを制御して仕事をしたり、他者とコミュニケーションを取ったり、物を掴んだりして、その感覚をユーザに返す。遠隔地にはロボットでユーザがあたかも遠隔地にいるかのような存在感を感じることができる。

テレイグジスタンスロボットで有名なシステムとして、「**マスタースレーブシステム**」がある。操作する人をマスター、操作されるロボットをスレーブ（奴隷）となぞら

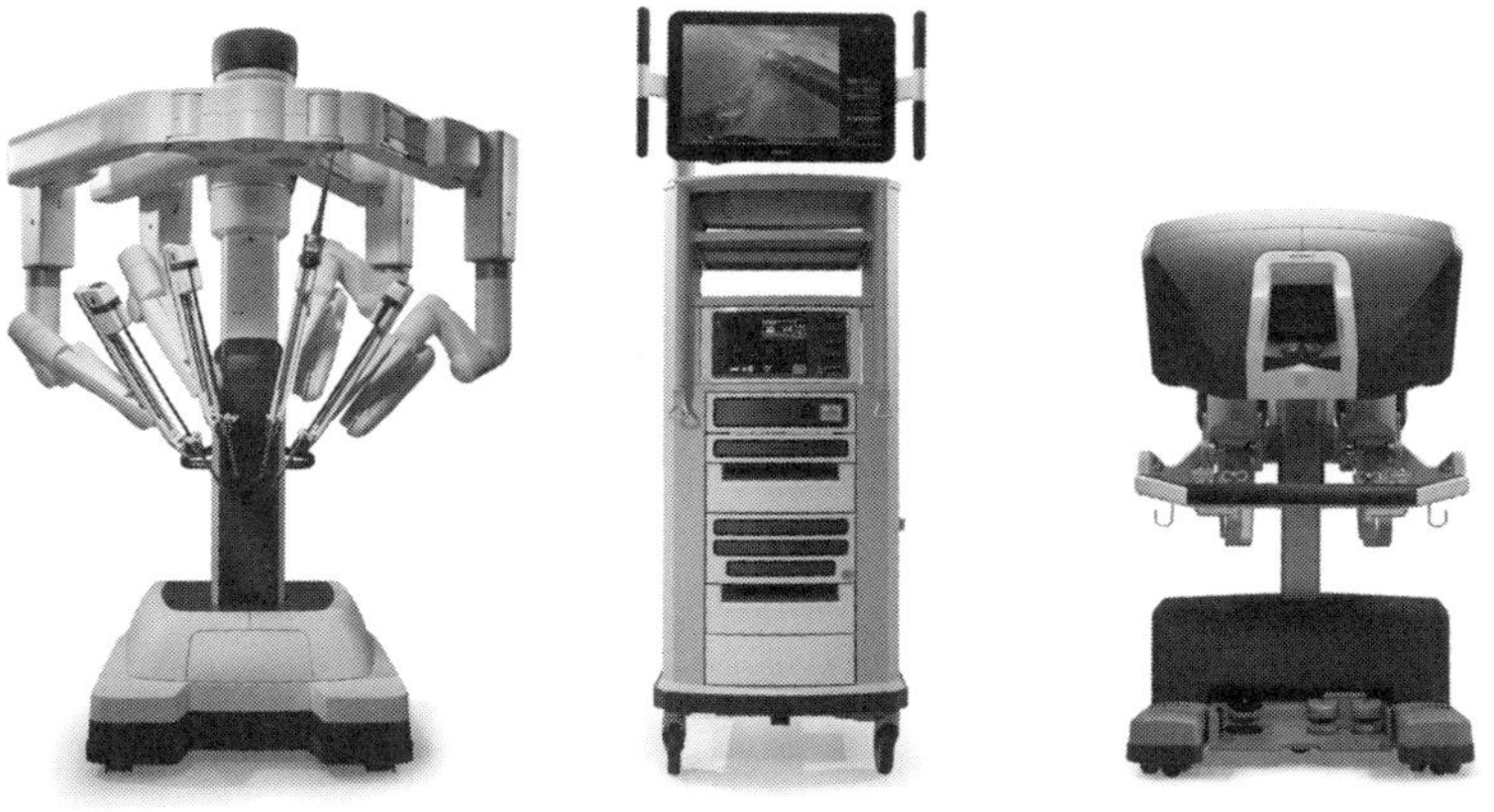

手術支援ロボット da Vunci® Xi（©Intuitive Surgical, Inc.）

えている。これは川渕機械技術研究所のマスタースレーブロボット、テレイグジスタンスロボットが有名だ。操作を行うマスターロボットと、操作される側のスレーブロボットで構成され、遠隔地に置かれたスレーブロボットを、マスターロボットで操作する。他にも手術支援ロボットの「ダビンチ」も手のみのマスタースレーブシステムである。

人類の文化として、これまでは遠隔地のロボットを操作することを表す語句がなかった。そのため、遠隔地のロボットの操作について「テレイグジスタンス」をはじめとした様々な語句で定義づけようとしている。日本人の感覚として理解しやすいのは、幽霊が人形に乗り移る（憑依する）現象や陰陽師が使役する「式神」だろう。テレイグジスタンスを「ロボットに憑依する」と表現する人もいる。

さて、今まではロボットの体を操作するといえば、人からロボットへの一方向だった。しかし、今では相互作用するBodySharingも増えている。

リモートワークも相互作用するBodySharingの一つだ。ロボットとしての身体こそないものの、コンピュータで遠隔地とつながり視覚と聴覚と言語情報を相互作用させて働いている。


また、ロボットを介して通学をしている事例もある。

航空会社のＡＮＡと角川ドワンゴ学園Ｎ高等学校では、ＡＮＡが提供する遠隔操作ロボット「ANA AVATAR（Beam Pro）」を活用した「遠隔操作ロボ 通学コース」のトライアル授業を２０１８年7月4~13日に実施した。Beamは、タブレット端末に足がついたような形状をしている。遠隔地のＰＣからアクセスすることで、双方向の会話が可能になる。また、ユーザは簡単な操作でBeamを操作でき、自在に移動することもできる。

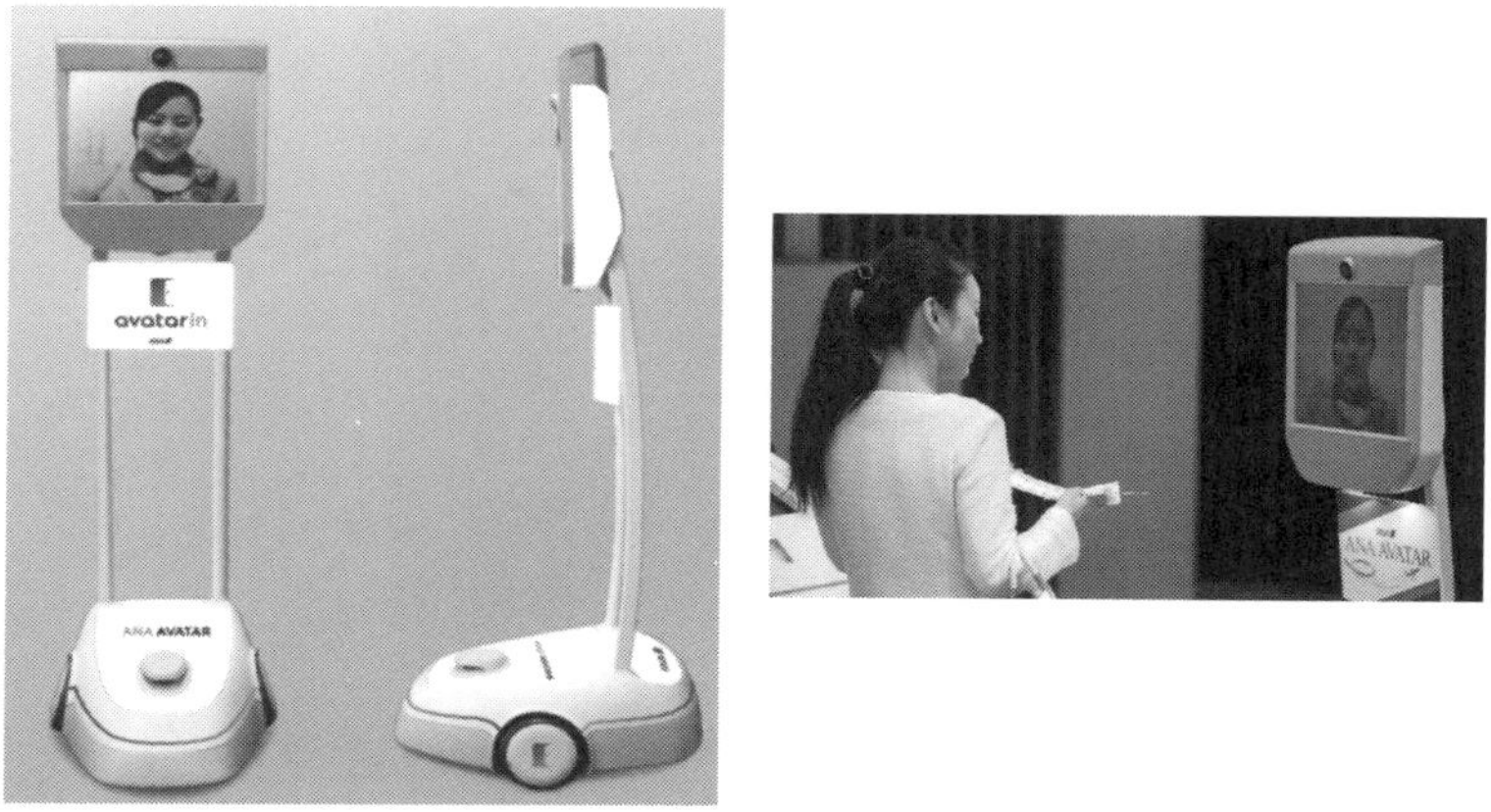

遠隔操作ロボット「ANA AVATAR（Beam Pro）」

BodySharingが普及すれば、自身の身体を移動させる必要のある飛行機を利用する人は激減するだろう。そのため、「人の物理的な移動」を販売してきた航空会社がBodySharingに投資するのは、自然な流れと言えるかもしれない。

現在のリモートワーク、リモートスクールは、ほとんど一方向コミュニケーションのマスタースレーブシステムでできているため、ロボットは操作をされるだけの存在だ。しかし、今後BodySharingが発展すると、人とロボットが双方向で操作し合ったり、人同士が操作し合ったりする未来が予想される。

ロボットだけでなく、人同士が遠隔地で身体を共有し合うようになる未来では、どのような働き方がされるだろうか。

例えば、ニューヨークと東京にそれぞれ一人ずつリモートワーカーがいるとしよう。二人とも東京で働きたいとなったら、東京にいる人の身体を二人で使って、BodySharingをする。30分後にニューヨークで働きたいとなったら、今度はニューヨークにいる人の身体を二人でBodySharingして働く。これにより、完全に身体の移動は必要がなくなる。そういう未来が迫っているのだ。

テクノロジーが変える「移動」の概念

本書が発刊される2019年現在は、「人が移動する」といえば「身体ごとの位置の移動」である。

徒歩、自動車、電車や飛行機を使って、物理的に身体の位置を移動させる。これには時間とエネルギーのコストがかかる。

ところが現在は、人の移動の概念が移り変わりつつある過渡期直前となっている。人が移動するといえば「**認知科学的な意識のみの移動**」も選択肢に含まれつつあるのである。

特に、人の認知科学的な意識の一部からの思考は、どこにでも移動できる。

人は情報のインプットさえあれば、情報を整理、分析し、考えをまとめてアウトプットする思考は、どこにいてもできる。部下のレポートを読んで情報をインプットし、判断を下しアウトプットする思考には、オフィスでもトイレでも場所はどこでもいいのだ。

ただし、思考は少なくとも物理的なインタフェースに依存してしか移動しない。裏をかえせば、物理的なインタフェースさえ移動できれば、身体ごと位置を移動しなくても人は意識のみで移動し、時間とエネルギーのコストから解放される。

この「認知科学的な意識のみの移動」によって、時間とエネルギーのコストから急激に解放され始めるのが、まさに今なのである。

朝はドバイにあるヒューマノイドロボットに意識を移動させて会議、昼はアラスカにいる他者に移動して釣り、午後はオーストラリアの工業用ロボットで工場視察、夜はイングランドのサッカー選手の身体でプレミアリーグ体験。

「身体ごとの位置の移動」では不可能な移動が「認知科学的な意識のみの移動」で実現されようとしている。夢のような話に聞こえるが、人類は、物理的なインタフェースの発展により、徐々にこのコストの解放に適応しはじめている。

ここでいうインタフェースとは、人への情報のインプットとアウトプットの物理的な伝達を行う境界である。視覚、聴覚、触覚、深部感覚、嗅覚や味覚などの感覚器による人へのインプットと、身体動作、視線や発声などの人から他者へのアウトプットの境界である。

インプットは、カメラ、マイクをはじめとするセンサー類、アウトプットはディスプレイ、スピーカーやモーターをはじめとするアクチュエータ類で伝達する。これらの物理的な伝達を行う境界であるインタフェースを用いて、人の認知科学的な意識のみを遠隔地にあるコンピュータ、ヒューマノイドロボット、他者やバーチャルキャラクターに移動させるテクノロジーが開発されている。

今現在でも、「ごく一部の認知科学的な意識のみの移動」を支援するテクノロジーも存在する。

それは、電話、チャット、テレビ会議やネットゲームといった主に視覚と聴覚情報を遠隔地に伝達するインタフェースを利用したテクノロジーである。このテクノロジーのおかげで、人の認知科学的な意識の移動に関する自由度は多少高まった。

視覚と聴覚情報のインタフェースを利用したテクノロジーで、本来ならば参加できなかったビジネス会議に参加したり、メールやチャットを使ったりして好きな場所で働くノマドワーカーは２０１０年代初頭に一般的に知られ始めた。

視覚と聴覚情報だけでなく頭部の運動視差を加えたインタフェースがＨＭＤ（Head Mounted Display）である。そのインタフェースを利用したテクノロジーがVTuber[※3]やVRChat[※4]だ。VTuberやVRChatのユーザは、２０１８年ごろから急増している。VTuberやVRChatのユーザたちは、バーチャルのキャラクターに認知科学的な意識を移動させて動画を配信し、世界中の視聴者との交流を楽しんでいる。

２０１０年代だけで見ても、初頭から終盤にかけて、インタフェースのリアルタイム性と種類が増え、「認知科学的な意識のみの移動」の選択肢が増えている。

しかしながら、「身体ごとの位置の移動」に比べて、今現在のテクノロジーだと「認知科学的な意識のみの移動」の際のインタフェースの情報量が極端に少ない。触覚、固有感覚、嗅覚や味覚のインプットと身体動作のアウトプットの伝達に関するインタフェースが、まだ研究段階なのである。そのため、2010年代終盤の現在は、人が移動するといえば「体ごとの位置の移動」にならざるを得ない。

インタフェースの研究の進展とテクノロジーの普及によって、徐々に私たちは「認知科学的な意識のみの移動」の選択肢も増え、移動という概念さえも変容していくのだろう。

そして「移動」の概念が変わる頃には、私たちもいつのまにか変わっているのだ。

空間の移動と意識の移動

前説で述べた通り、テクノロジーは人の移動の感覚を変えていく。BodySharing の普及でいつでも世界のどこにでも存在できるようになると、移動自体の概念が変わる。それでは、このとき〝何が〟移動しているのだろうか？　身体は元いた場所から移動をすることはない。BodySharing によって移動しているのは、人の「認知科学的な意識」だ。

「同時に義体を操るのは、二体迄が限界ね」

これは、ＳＦアニメ『攻殻機動隊STAND ALONE COMPLEX Solid State Society』[※5]

の主人公・草薙素子《くさなぎもとこ》のセリフだ。同作の設定では、ロボット（義体）のうち、遠隔の義体を別々に操作するのは一人で二体が限界だそうだ。

SFサスペンス『サロゲート』※6では、基本的に一人が一体のロボット（サロゲート）を操作している。

前者は、認知科学的な意識の一部が移動するだけでなく二つのロボット（義体）の中に意識が分裂している。後者は、認知科学的な意識の一部が単純に移動している。

認知科学的な意識の移動は、本当に「一つの体に一つの認知科学的な意識」でしか成し得ないのだろうか。

一人の人が二人の身体に認知科学的な意識を移動し、操作することはできないのだろうか。例えば、世界各地に著者である私が同時に30人存在することはできないのだろうか。

身体主体感と身体所有感

私は認知科学的な意識の移動が一か所だけでなく、複数か所にできないか研究をした。前提として押さえておきたいのが**身体主体感**と**身体所有感**である。これらは「認知科学的な意識」を構成する要素だ。

身体主体感とは、自分が主体的に身体を動かしているという感覚だ。身体所有感は、自分が身体を所有しているという感覚。この二つの感覚がないと、身体を操作することは難しい。

例えば、身体主体感と身体所有感がないと、意識がある身体を自分の身体だと思うことができない。すると、危険が迫ったときに瞬時に逃げられなくなる。危険に対して反応できなかったり、逃げる動作を取れなかったりする。また、操作をしている感覚がないと、実際に操作したときに制御が下手になってしまう。

身体主体感と身体所有感は、認知科学的な意識が移動したときに、移動した先での身体を操作できるかどうかの最初の調査内容になる。

今後インタフェースが発展して、一人の人の認知科学的な意識が世界のいろいろな空間に複数人として存在したり、複数のロボットに存在したりすることが考えられたため、私はそうしたことが可能なのか研究をした。

しかし、結果として一人が複数人として存在することはできないとわかった。

私はバーチャルキャラクターと身体主体感と身体所有感を共有しながら、現実世界の物理的な体にも認知科学的な意識をのせられるかという実験をした。

xR技術でバーチャルキャラクターにユーザの身体主体感・身体所有感を移行することはできる。

バーチャル空間での没入感が高ければ高いほど、怖いことが起きたり、危険が迫ったりすると、ユーザは恐怖を感じ、バーチャルキャラクターを操作して逃げるという行動に出る。

二か所に認知科学的な意識が存在するということは、現実世界のユーザが物理的な体に身体主体感と身体所有感がなくてはいけない。

しかし、現実世界の身体にVRに没入している間にユーザの物理的な体にカッターナイフをかざしてもユーザはそれを認知しているのにもかかわらず、反応しづらくなった。さらに、物理的な体の制御も下手になってしまった。

ユーザ自身以外の体で身体主体感と身体所有感が発生すると、現実世界のユーザの体の身体主体感と身体所有感がなくなるのではないかと考えうる結果である。よって、現時点では、**「一つの体に一つの意識」しか存在できない**という制約が出ている。

実験ではこのような結論が導き出されたが、私は「一人が世界中の複数か所に存在する」という状態を実現したい。

これが実現すると、年月としては50年しか生きていない人でも、100年分でも、150年分でも人生経験を積めるだろう。

まだまだテクノロジーは万能ではない。

テクノロジーが発展するためには、もしかしたら人の身体感覚とその認知も変わる必要があるのかもしれない。

身体を借りる、貸すという感覚

ここまで認知科学的な意識の移動という観点で見てきたBodySharingでは、他者やロボットの身体を借りたり、他者に身体を貸したりすることになる。本章で解説したテレイグジスタンスでは、人はロボットの身体を借りて（憑依して）いた。人とロボットではなく、「人の身体を借りる」「人に身体を貸す」感覚とはどのようなものなのだろうか。

これまでの「身体を借りる」とは、例えば、荷物を他者に運んでもらうといった物理的なサービスとして使われていた。

しかし、ここで言う「身体を借りる」とはBodySharingの文脈であり、他者の身体感覚を借りるという意味だ。

つまり、操作形態を借りることになる。外部から他者の身体をコンピュータを通じて、操るということである。

「人に身体を貸す」という感覚には、私が開発した「PossessedHand（ポゼストハンド）」の解説が理解の助けになるだろう。

PossessedHandは腕につけられた電極が筋肉を刺激することで、人の手指の動きをコンピュータが制御する装置だ。電極につながれたコンピュータを操作することで手指の動きを自在に操ることができる。168パターンほどのパラメーターを調整すると、自分が動かそうとしなくてもコンピュータからの指示で、手指の16関節が自在に動くようになる。手にある関節は、手首を含めないと18関節のため、これでほとんどの動きが制御可能になる。これにより、遠隔地の人が他者の身体を操作できるのだ。

PossessedHand着用時に、操作される側が与えられる感覚は、固有感覚や深部感覚と呼ばれる感覚である。これは筋肉や腱、関節に起こる感覚だ。言い換えると、皮膚表面ではなく、皮膚より深い部分に起こる感覚ということだ。物がぶつかるときの感覚は皮膚表面でも圧力として捉えられるが、深部感覚で捉えるのは、関節が曲がった感覚や抵抗感、重さの感覚である。

それまでは、人の身体を操作しているときには、人の脳から「こういう風に動かす」という指令が行って関節を動かしていたが、突然コンピュータから体を動かされると、「勝手に腕が曲がった」といったこれまでに味わったことのない感覚が出てくる。

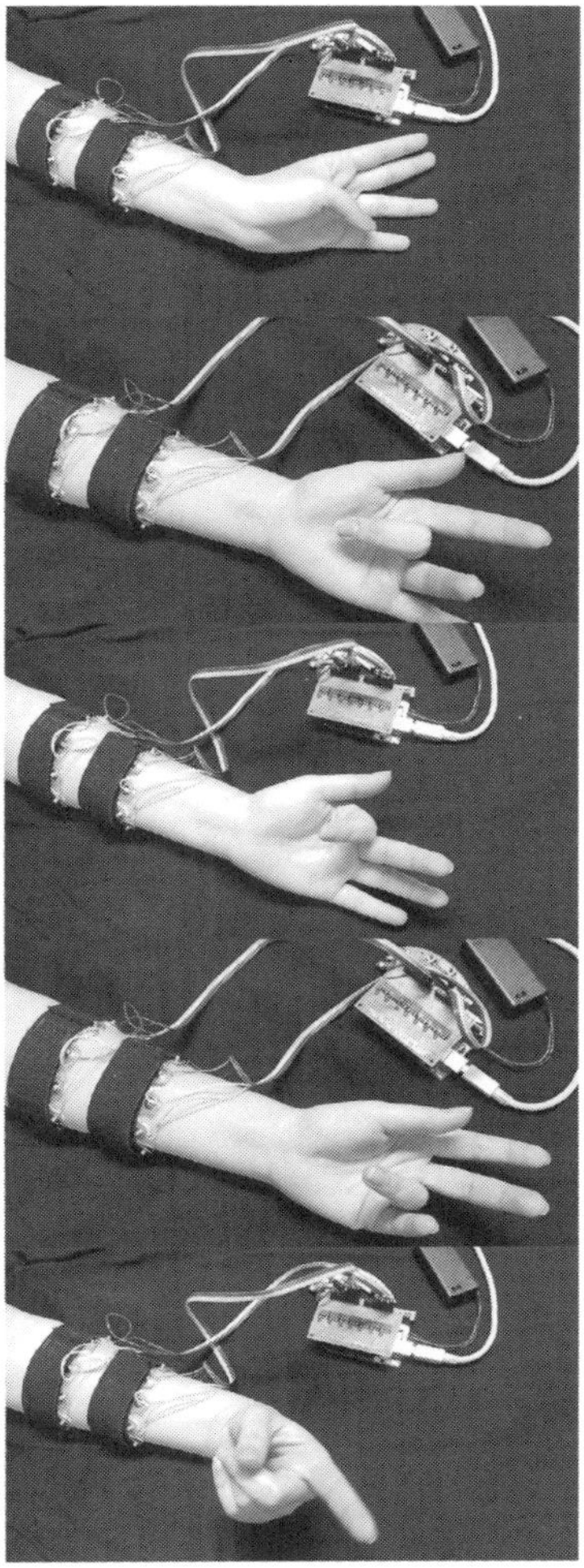

PossessedHand使用時の様子

ロボットや他者と感覚を共有する

認知科学的な意識の移動は、「一つの体に一つの意識」という話をした。一人の人は二つ以上の身体に入ることができない。反対に、二人以上の人が一つの身体に入ることはできる。

極端な例では、一体のロボットに50人が入り、操作することも可能なのだ。また、一人の体に複数人が入って操作することも可能だ。

映画『アダムス・ファミリー』には意思を持ち、動き回る「ハンド」という人の右手のみのキャラクターが登場する。このハンドと同じことが身体のいたる部位で起こるイメージを持ってもらえばわかりやすいだろう。スーパー戦隊をはじめとする戦隊物や合体ロボット作品も一つの体を複数人が操作する。

今できる技術としては、右手はAさん、左手はBさんといったように複数人で並列で身体を動かし、その感覚をさらに全員で共有するというものだ。

私たちは、これまで自分自身の一つの身体に縛られてきた。一人の人が一つの身体から出られない状態にいる。しかし、インタフェーステクノロジーの発展によって、これまでの常識は変わりつつある。いろいろな人と身体を共有したり、ロボットやバーチャルキャラクターと体を共有したり、複数人で一つの体を動かす未来がそこまで来ているのだ。

※１ **テレコミュニケーション**　遠く離れた地域間で、無線や有線の回線を使用して行う通信全般を指す言葉。電信・電話、テレビなどを用いた遠距離電気通信。

※２ **リモートワーク**　情報通信機器を利用して、自宅や会社以外の場所で事業所から任された仕事を行う勤務形態。

※３ **VTuber**　「YouTube」などの動画配信サイトに動画を投稿して収入を得るユーチューバーの一種で、３ＤＣＧ（三次元コンピュータ・グラフィックス）などで作られた、アニメの登場人物のような架空のキャラクター（アバター）のこと。アバターを用いて、動画を配信する人を指すこともある。VTuberを操るのは生身の人間であり、表情や動作をＶＲ機器やカメラで検知し、人の動きをデジタルデータ化してコンピュータに取り込む技術「モーションキャプチャー」などを利用して3Dデータに変換して、アバターに演じさせる。２０１６年12月から活動を始めた、ＡＩ（人工知能）であると称する「キズナアイ」が、「バーチャル YouTuber」と自称したことから、この呼び方が浸透していった。

※４ **VRChat**　仮想空間上で他者とコミュニケーションを取ることができる、ＶＲネットワークサービス。アメリカ・サンフランシスコに拠点を置く、VRChat Inc. が開発・運営している。

※５ **攻殻機動隊 STAND ALONE COMPLEX Solid State Society**　西暦２０３４年が舞台のＳＦアニメ『攻殻機動隊 STAND ALONE COMPLEX』シリーズの続編であり、２００６年にスカパーのパーフェクト・チョイスで放送された。また、２０１１年には３Ｄ劇場版として全国公開された。

※６ **サロゲート**　２００９年に公開されたアメリカ映画。脳波で遠隔操作できるロボット「サロゲート」が開発された近未来が舞台。

CHAPTER 3

テクノロジーによって変わる生活

主な内容

❶

場所だけでなく
身体の制約がなくなった
働き方が始まる

❷

家の中の人は流動的になり、
地域や異なる世代が
テクノロジーを介してつながる

❸

教育最適化の一方で、
家事や介護に必要な
インタフェースは
揃い切っていない

働く上での制約は限りなくなくなる

インタフェースとテクノロジーの発展は私たちの働き方も変えるだろう。顕著に起こりうる変化としては、場所と身体の制約からの解放だ。

場所の制約からの解放

場所の制約は現在でも政府や様々な企業で「働き方改革」という形で見直されている。在宅勤務を認める企業も増えてきている。ただ、これはテキストやビデオチャットといったインタフェースを通じたものであり、パソコンを使った労働に限られている。BodySharingによって、パソコンを経由せずに製造や接客する業務、例えば工芸、料理、コンシェルジュ、美容業など、本当の意味での「働き方改革」とも呼べる場所にとらわれない労働が可能となる。

身体の制約からの解放

午前中はAさんに自分の身体を貸して、Aさんと一緒に働く。午後はBさんと二人で身体を使う。夕方は自分がAさんとBさんの身体に入って仕事をする。このように、一人の人としての身体の制約も徐々になくなっていくだろう。

より身近な例を挙げれば、私には開脚ができないという身体的な限界がある。何度か努力をしてみたものの、体操選手のような開脚はできなかった。これは私の身体の限界に近いかもしれない。私にはありえないことだろうが、もしかしたら、体操選手のような開脚をしながらの実験観測が必要になるかもしれない。そうした身体の限界があるのなら、それができる身体に入ればいい。もしくはできるロボットに入ればいいという発想ができる。

天井を歩くことができない私たち人類は、天井を歩く必要があれば、それができるロボットとBodySharingをして働けばいい。

このように働き方における場所や身体の制約が徐々になくなっていく社会では、**人ではない身体性での働き方も選択肢の一つになってくる**だろう。

BodySharingはコミュニケーション文化をも変える

また、BodySharingが普及すると、認知科学的な意識の移動が当たり前になり、見た目や年齢、性別で評価や判断を左右されなくなる。真の能力重視の社会が到来するのだ。人はたくさんのペルソナ（社会的な人格）を持つといわれている。ペルソナだけならまだいいだろうが、たくさんの身体を持てるようになると、もしかしたら「私は50人と結婚しています」といったことが起こりうるかもしれない。大げさな言い方をすると、人のコミュニケーション文化が大きく変わってしまう可能性があるのだ。

個人に最適な教育が受けられるようになる

インタフェースとテクノロジーの発展は教育も変えつつある。

一つはＡＩによって、**個人に最適な教育プログラムをカスタマイズして提示できる**ようになる。もちろん既存の大学のカリキュラムでは取得する授業を選べるが、学生一人一人に最適であるかは不明である。これまでは個人を監督する教師役が把握するしかなかったが、これまでの教育履歴に基づいて、今受けるべき教育プログラムがわかるようになる。

また、インタフェースの発展により、今まで「やってはいけない」と言われていたことを体験できるようになり、教育にも利用されている。

その一つの例が「**危険体感教育**」だ。

FUJITSUは主に建設業の従業員向けにＶＲ転墜落事故体験を提供している。これはＶＲと専用の体験機を使用することで、高所での作業の状況と不意の転落事故を体験できるものだ。こうした転落事故を体験することは危険が伴うため、これまではできなかった。映像の視聴やマネキンを落とすことでしか事故の重大さを学ぶことができなかったのだ。そこにＶＲを活用することで、転落事故を疑似体験でき、危機感受性を高めることができるのだ。実際には、専用の体験機に入った受講者は数センチ程度身体を釣り上げられ、落とされるだけだが、ＶＲの高い没入感も相まって、本当に落下したのではないかと錯覚するのだ。

事故の結果も、「内臓損傷」などの具体的な結果が表示される。こうした建設業での研修には、ロードローラーなどの重機の操縦などいろいろな場面が想定され、ＶＲが活用されている。

また、私が創業したＨ２Ｌ[※1]では、ＮＴＴと感電体験のＶＲ研修プログラムを提供している。配電工が行う修理作業は、非常に電圧が高い配電盤を扱う危険を伴う作業だ。ゴム手袋をつけていても腕時計を外し忘れると感電してしまう。現場に慣れている作業員ほど、日頃の油断から腕時計をつけたまま作業をし、感電してしまうケースが見られていた。こうした状況もＶＲで体験することで事故の再発を防ぐことができる。

こうした作業上の危険を回避する以外にも、セクハラやパワハラなどのモラル面に関する教育と研修にもＶＲは活用できる。こうしたハラスメントの問題点は、被害者側に

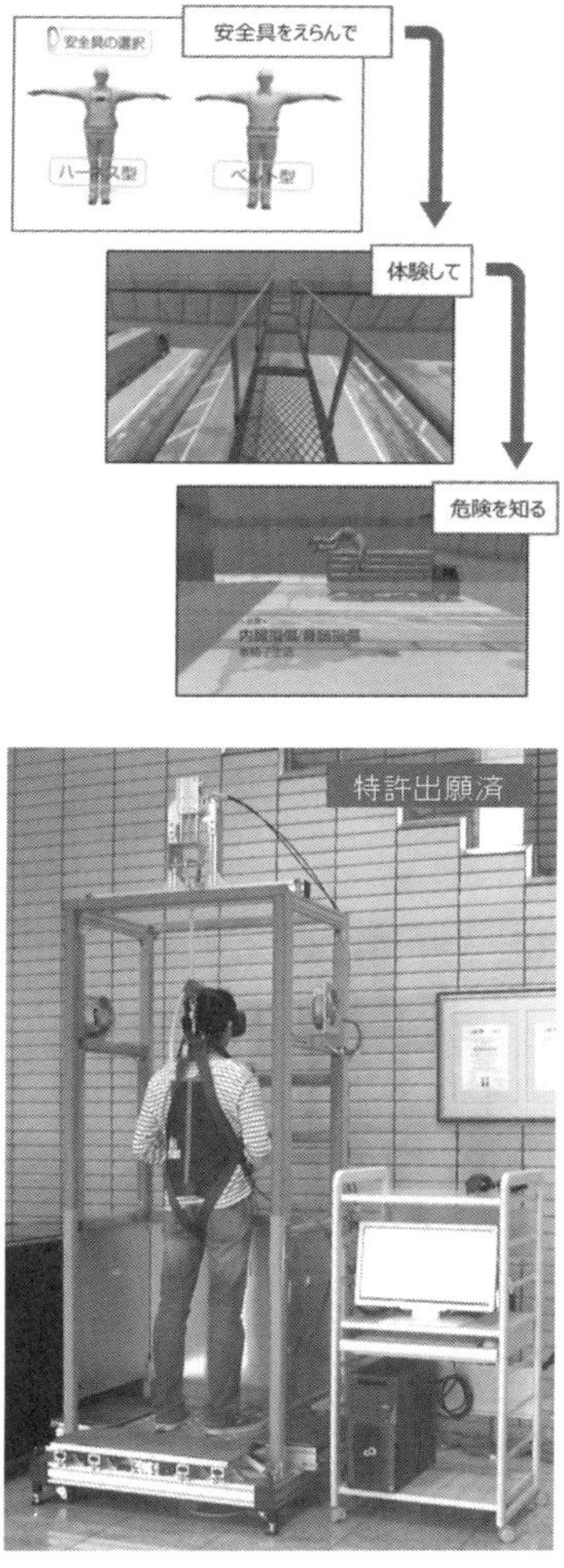

VR 転墜落事故体験

ならないと、事態の重大さに気づきづらい点だ。男性であれば、セクハラをされる女性被害者の気持ちを理解することは容易ではない。こうした話は、これまで女装を日常的にするいわゆる「女装子《じょそこ》」と呼ばれる人たちによって語られてきた。元テレビ番組・映画プロデューサーであるクリスチャン・ザイデルの著書『女装して、1年間暮らしてみました。』(サンマーク出版)では、一年間の女装生活を通して女性として生きる苦労が語られている。しかし、全ての男性が一定期間女装をして生活をすることは困難だ。それであれば、VRで体験をすれば、相手の気持ちを考えられるようになるかもしれない。

教育格差は消失し、教育履歴のブロックチェーン化が進む

あらゆる学問が遠隔で受けられるようになると、従来の経済格差や地域格差がなくなり、世界競争になる。これにより、教育格差もなくなっていくだろう。

例えば、私の出身地である沖縄県は平成29年時点で日本の中でも全国学力テスト正答率が最下位である。大学進学率も39・5％と、全国の都道府県で最も低い。ちなみに東京都は65・9％である。

また、最低賃金も737円であり、最も低い地域となっている。東京都の958円とは221円の差がある（平成29年度）。このような地域格差の原因は様々なことが考えられるが、教育格差に関しては「専門的な塾がない」というのが一つの理由だと考えられる。

このような地域格差を埋めるため、情報技術を使って学問を遠隔で受けるための取り組みが行われている。

例えば、株式会社フィオレ・コネクションの取り組みは、東京と沖縄をビデオチャットでつなぎ、沖縄の生徒が気軽に塾教育を受けられるようにするものである。現在はインタフェースとしてビデオチャットが使われているが、xRを使えば理科の実験なども行えるようになり、ますます現実に近い教育を遠隔で受けられるようになるだろう。

教育に関してはそれだけでなく、これまで受けてきた教育の履歴がブロックチェーン[※2]化していくだろう。これまでの教育履歴とは履歴書に代表されるように、「ここの大学のこの専攻です」「Aという研修を受けて、Bという資格を取りました」というものだったのが、履歴のデータ化とブロックチェーン化により、そこから最適なインタフェースが提示され、教育が個人に最適化されていくのだ。

変わる家族と空間としての家

これから10年、20年では難しい変化かもしれないが、家族というものの在り方も変わってくるだろう。

これまでの家族というと、婚姻以外は比較的血のつながりを重視し、共同生活を営んできた。お父さんとお母さんがいて、子どもがいる。多少家族構成が変わるとすれば、祖父母が同居しているかもしれないし、おじ・おばやペットが同居していることもあるだろう。

こうした家族の常識が変わり、母親が二人いたり、父親が二人いたりするという状況が当たり前になるかもしれない。

すでにある程度の確信を持って言えるのは、移動のコストが大幅に減少することで、社会として人材流動性が高くなってくると「家の中に入ってくる人」が、変わってくるのではないかということだ。

例えば、2010年代から世界的に「民泊[※3]」が流行している。Airbnb[※4]に代表される仲介サイトを通して、一般の民家に対価を支払って宿泊することを指す。民泊では、住居の所有者は旅行者に対して、家の全部または一部を貸し出す。家といえば、家族の象徴であるとも言える。その象徴の空間まで貸し出すという状況になっているのだ。

また、家のような空間のシェア以外にも、家事というタスクをシェアする流れもある。「子どもを1、2時間だけ預かってほしい」「2時間だけ家に来て掃除をしてほしい」「夕飯の買い出しにスーパーまで行ってきてほしい」といったような細かなタスクを地域で分担するようになっている。

これまでの日本社会では一度核家族化が進み、地域や世代間を超えたつながりというものは希薄になる一方だった。それがテクノロジーを使って、つながりが戻りつつある

のだ。テクノロジーを駆使したそうしたサービスが実際に増えている。先の例のような家事手伝いサービスであったり、子育てのサービスが多様化して、みんなで時間をシェアして、「得意なところを割り切ってやっていきましょう」という社会が到来しつつあるのだ。

それに付随してネットオークションの世界も変わりつつある。「ヤフオク！」※5に代表される1990年代から提供されていたサービスでは、不用品や、価値のありそうな物を買って再販するといった目的で使われてきた。しかし最近は、子どもが保育園で着る衣装や、ぞうきんなどを代わりに縫ってあげるというような出品も増えている。

このようにテクノロジーの発展でタスクが細分化され、タスクの流動性が高まっている。

一昔前は、裕福な家庭では家政婦がいて、片付けや料理、子育てを手伝っていた。今はそうした家政婦がこなしていたタスクを細分化して少しずつ分担している。それがサービス、つまりテクノロジーでつながっているのだ。

主に使われているのは、スマートフォンとＧＰＳ情報である。ＧＰＳ情報をもとにマッチングをさせて、タスクの依頼と受注をしている。**こうして核家族化が進んだ現代においても地域での助け合いが再生し、みんなで助け合うという社会に戻りつつある**のだ。現在はＧＰＳ情報をもとに地域を限定されているが、前章で述べたように移動の問題がなくなったら、地域という限定性もなくなるだろう。家事は遠隔ではできないように思えるが、子育てという見方であれば、子どもをリモートで遠隔の英会話教室に通わせることもできるだろう。

特定の家に所属しているのは、特定の人であり、それは今後も変わらないかもしれないが、家に入ってくる人は今ほど、一定ではなくなってくるかもしれない。

最近では鍵をＲＦＩＤタグ[※6]で管理することも徐々に増えつつある。

こうした流れは家庭よりも先に企業において一般的になりつつある。企業は家庭よりも遥かに人材流動性が高いため、ＲＦＩＤタグで管理する方が適しているのだ。家庭での普及の観点から言えば、例えば、Airbnbで家の一部を貸してもらうといった民泊であれば、ＲＦＩＤタグで外から鍵を開けて、宿泊者のＲＦＩＤタグに一日だけ鍵を付与するような使い方が増えてきている。また、家事サービスでは一時的にサービス提供者に、部屋の掃除をしてもらうために、家に入る権利を与える。このように人材流動性というのは、企業だけでなく、家庭でも高まってくる。

本書の発売は2019年だが、流動性が高まってきたことを多くの人が実感しだすのは、おそらくもう5年ぐらいはかかりそうだ。現在は、サービスが少しずつ出始めた段階なので、もしかしたら2025年ぐらいには、家庭の人材流動性がもう少し高まってるかもしれない。

ここでも、やはりインタフェースに注目したい。人材流動性が高まるようなインタフェースがきちんと開発されているかどうかという点だ。

この分野のインタフェースを具体的に想像してみよう。

先述のオートロックの鍵をRFIDで開け閉めする。家の中での犯罪を抑止するための監視システム、より具体的に言うと、顔の認証インタフェース。こうしたインタフェースが一般に普及するか、普及に向けた動きがあるか、その動きはどの段階まで実現し、社会に実装されているのか、そうしたことが家と家族の未来を予測するときの鍵になる。

家事の自動化と課題

家事においては、タスクの細分化、地域での助け合いの再生以外にも、自動化も注目されている。

セブン・ドリーマーズ・ラボラトリーズが発表した「ランドロイド」※7は全自動で洗濯物を畳める製品だ。これまでビッグデータとＡＩで服の形状を認識することはできていたものの、服をどうやって掴み、畳むかという技術がなかったのだが、ランドロイドの登場で、自動での洗濯物畳みが実現したのだ。

ランドロイド以前の「家事の自動化」と言えば、食洗機や洗濯機が含まれる。

さらに iRobot のロボット掃除機「ルンバ」や床拭きロボット「ブラーバ」が有名だ。

自走でゴミを吸い取りながら形状推定して、家の状態を知る。掃除が終わったら、スマートフォンに「掃除が終わりました」「今、家のどこの部分を掃除しました」といったお知らせをする機能も備えている。このように自走系ロボットは、すでに普及している。

ただし、ロボット掃除機が掃除をするためには、部屋（床）に物が散乱していない状態を保つ必要がある。それを可能にする片付けロボットも登場している。

そもそもこの技術は、倉庫に置いてある商品をピックアップする技術から始まっている。その技術を競う場としてAmazonは「アマゾン・ロボティクス・チャレンジ」[※8]という国際大会を主催している。

これは、ロボットアームで箱の中から不定形な物を取り出すピッキング作業の技術を競う大会だ。物流業界では様々な作業が自動化されつつあるが、任意の商品を取り出すピッキングのロボット技術は自動化が難しいと言われてきた。

商品のピッキングは、人間が行えば簡単な作業に過ぎないが、ロボットには様々な工程が必要になる。ピッキングそのものの技術はもちろん、商品を解析するカメラ、ビッグデータを処理するインタフェースなど、ＡＩの発達とともに商品を壊さずに移動できる技術が開発されつつある。

こうした技術の開発に国内外の様々な企業が取り組んでいる。そしてロボットが部屋の中でどのようにピッキングして物を片付けるかという技術にも注目が集まり、開発が進んでいる。

この片付けロボットが普及するかどうかは、次のインタフェースの投資にかかっている。ほとんどインタフェースは揃い切った状態だが、一つだけ揃っていないインタフェースがあるのだ。それが走行用のモーターだ。ルンバやブラーバは、基本的に床が片付き、障害物がない状態で走行することを前提としている。しかし、片付けロボットは、床が片付いていない状態で移動しなければならない。それを実現する家庭内のモーターインタフェースが開発されるかどうかが大きな鍵を握っている。モーターインタフェースの開発と投資が集まれば、加速度的に普及し、生活様式も変わってくるだろう。

セルフ介護の実現と課題

介護においてもテクノロジーによる変化が望まれている。今進んでいる技術としては、介護者が装着するパワードスーツで身体的な負担を減らすものだ。

しかし、介護される人がロボットを操作することができれば、自らを介護する「**セルフ介護**」も可能であると私は考えている。セルフ介護は、そう簡単に実現するものではないと思うが、普及のための課題を考察しよう。

まず現時点での大きな課題として、操作を間違えても危険にならないロボットがないことが挙げられる。

前節で解説したピッキングロボットのように、人を傷つけないように避けるロボットというのはたくさんあるものの、人に直接触れるロボットと考えると問題が多いのだ。

専門性の高いロボットであれば、その専門性のみの安全性をチェックすればいいのだが、介護というのは、ロボットに多様な活動を求めるシーンが多い。例えば、介護している人を持ち上げて浴室に連れていく、トイレの介助をするなど、繰り返しではない作業の連続だ。

介護をされる人の状態や体格がバラバラなことも問題になる。トイレに連れていくといっても、自力で立てる人であれば、それを見守るだけでいいかもしれない。人によっては肩を貸してあげないといけないかもしれない。もしくは自力では全く動けず、抱きかかえて連れていく必要があるかもしれない。状態や介護のレベルによってすべてが違う状況になるのだ。

なおかつ、一定の動きを介護される側がしていればいいのだが、認知症が始まっているケースもあり、予期せぬ動きを検知する可能性もある。認知症のレベルによっても全く異なる対応方法が求められるところで、**スペシャリストというよりは、ジェネラリストが求められるのが介護の現場だ。そうなったときに、ロボットは対応できるインタフェースを未だ備えていないのだ。**

このようにインタフェース自体が揃い切っていないため、現時点でのロボットの導入は難しい。

ただ、一方でジェネラリストが求められる介護の現場であっても、スペシャリストであるロボットであれば使われていく可能性もある。

排泄を例に考えてみよう。トイレに入り、便座にしっかりと座ることができれば、排泄後におしりをきちんと拭いてあげて、乾かしてあげるという一連の流れを今のウォシュレットよりもっと高度にやってくれるロボットも存在する。入浴に関しても、全自動で洗髪してくれたり、身体自体も水流で洗ってくれたりするものがある。こうしたスペシャリストとしての介護の補助システムというのは、実現しているのだ。

ただし、介護のすべてを細分化すればロボットが担えるかといえば、そうではない。例えば食事の介助はスペシャリストではできない。食材の形状や硬さも違い、食事中の様子もチェックする必要がある。それを実現できるインタフェースが現状では開発されていない。本人が何を食べたそうにしているか、満腹なのか、体力的に食べない方がいいのか、もっと食べさせた方がいいのか、問題なく飲み込めたかなど、これらは身体の状態だけでなく、感情も含まれてくる。そうした複雑な処理が可能なインタフェースは揃い切っていない。

運動量で疲労度を把握したり、表情を読み取れたりするインタフェースは揃いつつあるものの、今何を食べたいと考えているか、患者がどのような気分なのかといった感情検出のインタフェースが完成していないことが大きな課題になっている。

テクノロジーが解決する育児問題

介護の次は育児も考えてみよう。育児も介護同様、テクノロジーの介入が難しい分野だ。なぜかと言うと、介護同様にインタフェースが出来上がっていないからだ。

大きな理由として、これは介護でも共通しているが、**育児する側（多くの場合親）の希望を分類できていない**ことが挙げられる。

例えば子どもに対して、「この子にはもっと水に触れてほしい」という希望を親が持っていたとしよう。この場合、お風呂に長めに入れてあげる、プールに頻繁に連れていくなどの行動を親は取るだろう。これは前節で解説した介護でも同じだ。介護される側が「もう無理して食べたくない」と言えば、その意思を尊重して、好きな物だけ食べさせてあげる、こうした考えがあるかないかというだけで、どのような介護を施すのかは大きく変わる。

育児においても、このようなジェネラリストが求められるシステムというのは、コンピュータの介入がまだまだ難しいのだ。いつかはできるだろうが、今はまだ難しい。

一方で、解決に向かって変わってきていることもある。それは、育児する側や介護する側を助けるテクノロジーだ。

育児する側、介護する側のライフログとしてのテクノロジーは、増える可能性がある。そのインタフェースは揃っている。例えば育児、介護する人たちの疲労度は、CHAPTER1でも例として取り上げた、三次元加速度ジャイロセンサーでも把握できることだ。

三次元加速度ジャイロセンサーを使って運動量を検出したり、身体の動きを見たりして、一人の人が何時間タスクを実施しているのか、他の育児・介護の分担者と比較して、一人に負担が偏っているのかということがわかる。

作業量に応じて、点数付けをして、他の介護者・育児者と均等に分担することもできるだろう。あるいは、一定数の介護・育児の時間を超えると、外部のスタッフや近所に住む分担できる人にアラートを出して、「もしよかったら手伝ってくれませんか?」というふうに連絡することも考えられる。そういった意味では、育児をする側・介護する側のインタフェースは揃っている。そこから生活に投入されるのが早いだろう。

テクノロジーが24時間寄り添う生活

本章のまとめとして、インタフェースが発展した社会での想定されうる一日の使い方を考えてみよう。

まず朝起きたら、歯を磨く。このとき、どのくらい磨けばいいのかがインタフェースを通じてわかるだろう。同時に体調管理のデータも取れるかもしれない。現在のスマートフォンよりもインタフェースが進化してくると、体温も計測できるようになるのではないか。所有者がどういう精神状態なのか、どういう感情なのかというのも取って、それらに合わせた音楽をかけるかも判断できるだろう。これは現在の「スマートスピーカー」[※9]でも実現しつつある。これもインタフェースが進化してきたので、遠隔にあるビッグデータにすぐさまアクセスできるようになり、音楽や天気、交通状態情報など、必要な情報にストレスなくアクセスできるようになっている。

食事を取るときにも、宅配のものが自動選出されて配達されるかもしれない。トイレからもデータを取るようになる。排泄物から健康情報を取っていくのだ。

その後身支度を整えたら、勤め先に仕事に行く、クライアントとの打ち合わせに向かうなど仕事をするだろうが、このとき、家から出なくてもよくなるだろう。自らの身体を物理的に移動する必要はなく、BodySharingで世界中の他者・ロボットの身体を借りて仕事ができるようになる。反対に自分は家から出て行って、世界中の人に身体を貸すかもしれない。

夕方に仕事を終えたら、家事をする。家事は自動化、もしくは地域での分担により負担が少なくなっていくだろう。ロボットのピッキングシステムが完璧になったら、片付けが変わる。今後10年以内に家事負担の30％程度は減るといわれている。洗濯物を畳むことがなくなったり、お掃除ロボットや配送ロボットの普及で掃除やゴミ捨てなどもなくなったりするだろう。

また、仕事の後に買い物をすることもあるだろう。そこでもレジで並ぶという行動がなくなる。現在でも自らレジを操作するセルフ会計もあるが、そもそも会計自体をしなくなるのだ。誰がどの商品をつかんでカゴに入れたか、袋に入れたかがわかるようになり、その場での現金、電子マネーでの支払いの必要はなくなる。例えば、２０１８年に正式オープンした「Amazon Go」[※10]（２０１６年から従業員向けには運営）では、利用者はアプリをインストールするだけで、商品を取り、支払いをすることなく店を出ることができる。代金の支払いはアプリを通して自動的に完了する。Amazon は Amazon Go を２０２１年までに３０００店に増やす計画をしているといわれている。日本でも２０１８年に２か月程度、ＪＲ東日本がＪＲ東日本スタートアップと共同で、無人決済システムを導入した店舗の実証実験を東京都北区の赤羽駅で行った。また、ショッピングもこうした無人店だけでなく、ロボットを通じて認知科学的な意識を移動し、楽しむようになるかもしれない。

夕飯でも適切な食事量を知らされるだろう。また、健康維持のため、最適なトレーニングの提案もインタフェースを通じて受けられる。

移動にかかるコストが限りなく低くなるため、日本時間での夜中にブラジルのイパネマビーチに行くこともできる。「仕事帰りにリゾート」といったことが現実になるのだ。入浴も変わる。自宅の風呂が全面ディスプレイになっていて、一見旅館にいるような背景になることで旅館の浴場と互換性を持たせることもできる。

就寝時にもデータを取られる。現在でも寝返りなどの身体の動きからベッドに置いたスマートフォンで、レム睡眠かノンレム睡眠を測るアプリがあるが、インタフェースが十分ではないためにそれに合わせて出すのもアラームしかない。インタフェースが発展すれば、アラームだけでなく部屋の温度や湿度を調整することでより快適な目覚めをサポートできるだろう。

このようにインタフェースが発展すると、24時間の使い方が変わり、生活の大部分の時間でこれまでと異なる行動を取るようになるだろう。

NOTES

※1 **H2L** 2012年7月設立。アメリカ・TIME誌「未来を変える50の発明 2011年」に選出された発明、PossessedHandと、触感型ゲームコントローラUnlimitedHand、スマートフォンで気軽にジェスチャ付きVR体験ができるFirstVRを主な製品として、遠隔地に触覚を伝える技術の研究開発を行っている。

※2 **ブロックチェーン** 分散型ネットワークを構成する多数のコンピュータに、公開鍵暗号などの暗号技術を組み合わせ、取引情報などのデータを同期して記録する手法。ビットコインなどの暗号通貨に用いられる基盤技術。

※3 **民泊** 一般の民家や空き家・空室などを宿泊施設として利用すること。

※4 **Airbnb** 民泊の仲介ウェブサイト。2008年に設立され、世界192カ国33000の都市で80万以上の宿を提供している。

※5 **ヤフオク!** Yahoo! JAPANが提供するインターネットオークションサービス。旧名称はYahoo! オークション。

※6 **RFIDタグ** 「Radio Frequency Identification Tag」の略。電波を用いてRFタグのデータを非接触で読み書きするシステム。

※7 **ランドロイド** 世の中にないモノを創り出す技術者集団であるセブン・ドリーマーズ・ラボラトリーズ株式会社が開発した全自動衣類折りたたみ機。

※8 **アマゾン・ロボティクス・チャレンジ** アマゾン・ドット・コムが主催。物流作業で自動化が難しいピッキングのロボット技術を競う。物流の自動化において、商品の仕分けは人力に頼らざるを得ず、自動化を進める上で大きな課題となっている。競技内容が物流の自動化に焦点が当てられているのが特徴。ルールは箱の中の物を識別して別の箱に移すというもの。年々、ルールが改正され、難易度が上がりつつある。

※9 **スマートスピーカー** 音声アシスタント機能を搭載した、スピーカー型の家庭用端末。代表的な製品はアマゾンエコーやグーグルホームなどがある。音声による指示で音楽の再生や家電製品の制御、オンラインショッピングなどができる。質問に対し、サーチエンジンの結果から適切に回答する機能などもある。AIを利用するため、AIスピーカーと呼ばれることも。

※10 **Amazon Go** アマゾン・ドット・コムが運営する、レジスターのない小売店。20

16年に同社内で開店。2018年にアメリカで一般者向けの店舗もつくられた。入店時にスマートフォンのQRコードで個人認証が行われ、コンピュータビジョンとディープラーニング、およびカメラセンサーを組み合わせたシステムにより、商品を選んで手に取るだけで会計・決済ができる。

CHAPTER 4

テクノロジーによって変わる社会

主な内容

❶

T型やπ型人材よりも
優秀な人材を育てるための
教育投資の激化と
教育コミュニティの多様化

❷

時系列解析により、
現状把握の都市システムから
未来予測型の
都市システムへと変化

❸

人口過疎だけでなく
「意識の過疎」を防ぐためのルールや、深層学習による
犯罪予防のルール施策の
必要性

世界的な教育投資が始まる

テクノロジーの発展によって、教育制度も大きく変わるだろう。
前章でインタフェースの発展が様々な格差の解消をもたらすと解説したが、その中には教育格差の縮小も含まれていた。

前章でも述べた通り、とりわけ地域格差がなくなることで、遠隔で登校し、授業を受けられるため、距離と年齢の制限なく希望する大学や高校、中学の教育を受けられるようになる。

また、**年齢による格差もなくなる**。そのため、教育科目ごとに飛び級ができるだろう。あるいは進級を拒み、「じっくり高校3年生を2年間やりたい」という人も出てくるかもしれない。このように個人の成長スピードや学習の習熟度に合わせて教育を受けることが可能になる。

地域や年齢格差がなくなると、金銭的な格差が大きくなってくるだろう。金銭的な格差といえば、今までは一部地域や都道府県など国内での格差が中心だった。しかし、次第にそうした格差はなくなり、地方でもお金を出せればいい教育を受けられるようになるだろう。

地域格差がなくなっていくと、国内だけにとどまらず全世界の人が競争相手になる。現時点でも中国の清華大学は2000分の1の倍率を誇り、日本でいうところの小学校1年生から高校3年生までの成績のログを全て見られている。こうした熾烈な競争が全世界的に広がる可能性があるのだ。

次に、世界的な教育投資が始まる。

教育投資が始まると、今度は地域格差に加えて金銭的な教育格差もなくなるので、今まで地域格差で高度な教育を受けられていた日本の人たちは、他の国との先生の取り合いになるだろう。

今、授業を受けている塾の先生がたまたま優れた指導技法を有していたとしても、インドネシアにいる子どもの保護者から「今より高額な報酬を出すからインドネシアの子どもに授業をしてほしい」と言われたら、その先生はインドネシアでの仕事を選ぶかもしれない。

これまで日本は地域格差や金銭的格差によって、他の国から見ると、良い教育を受けられていた。あまり成績が良くなくても、大学教育まで受けられていたのだが、世界的な教育投資の流れから今後はそうもいかなくなるだろう。

一方で地域、年齢と金銭的な格差が少なくなった分、早い時期から個性も出せるようになる。一定の一般教養を身につけた後は、いきなりプロフェッショナルに近づけ、ここにおいても地域、年齢と金銭に関係なく戦うことになる。

私は高校生、高専生（3年生以下）および小中学生を対象としたゲーム開発コンテストである「Unityインターハイ2018」[※1]の審査員を務めた。同大会には年齢制限があり、17歳まで、もしくは高校生までなら応募資格がある。審査の際には、バイアスがかからないよう、年齢を見ずに審査がなされた。審査の結果、非常に優秀なゲームを開発し、2位に入賞した子どもはまだ10歳だった。独学で勉強した彼は、ほぼプロフェッショナルと言ってもいいレベルに到達していたのである。ゲーム自体もリリースすれば難なく売れるだろうと思われるクオリティで、かつ別の大会でも入賞した経歴を持っていたのだ。

また、Unity自体がプログラミングをしながら勉強できる環境だ。年齢関係なくプロフェッショナルの教育も受けられて、かつ年齢関係なく世界と戦うことになる。このようにすでに教育に関する格差は融解しているのである。

地域、年齢と金銭といった格差がなくなると、次に顕在化する格差がモチベーションと環境の掛け合わせによる格差だ。

物事を習得するのに大事なのは、長い時間どれだけそれに当てられるか＝モチベーションである。それをキープするには一個の学習意欲では回らない。

また、履修者自身が興味がある事項を学びやすい環境かという点も重要だ。

現状では専門のコミュニティにコネクションのある履修者の親や周囲の大人がコミュニティを紹介してくれるかどうかが、最適な環境を得られるかどうかの重要ポイントとなっている。加えて、そこに入る実力を備えているかも重要だろう。

例えば、プログラミングにおいては、一つのスキルがマックスになったからと言って、すぐ三つ飛ばしでスペシャリストとしてのコミュニティに入れるわけではなく、一つのスキルがうまくいくと一段階上のコミュニティに入れて、そこで横つながりの違うスキルのコミュニティともつながって、スキルもレベルアップする。そこで満たされたら上のコミュニティにいって実力をつけていく。

そうすると、そのうち他のコミュニティ同士も俯瞰して見られるようになる。「こういうコミュニティがないよな」という気づきから新しいコミュニティを作り始める。こうして徐々にビジョンのある人になっていくのだ。

これまでの様々な教育格差の縮小は「専門的な教育が、教育統括者による一方的なカリキュラム編成から、履修生による自主的なカリキュラム構成に移行していく」ということだ。

一方的なカリキュラム編成により、現代人はモラトリアム期が長くなっていたが、早期に自主的なカリキュラム構成をすることにより、T型[※2]やπ型[※3]人材と言われた従来重宝されてきた人材よりもさらに効率的な教育を受けた優秀な人材が育つ可能性が高くなる。

モチベーションと環境の掛け合わせによる格差であるコミュニティの格差が埋まるのは、遠隔教育の普及後の少なくとも数年以上先にはなるだろう。

しかしながら、先端的な科学技術だったり、先端的なテクノロジーに関してはコミュニティは新しく発生し続けるため、そこでは格差が生まれるかもしれない。

そしてコミュニティ格差によって発生するモチベーションの格差。これが最後に残っていくだろう。

これまでの流れを大きく見ると、最終的な到達地点は教育のコミュニティに関する社会構造が多様化していくと結論づけられる。

街にデバイスという神経が通う

本書で解説してきたインタフェースは、スマートフォンに内蔵された三次元加速度ジャイロセンサーをはじめ、人に近いところにあるものが中心だった。しかし、インタフェースは、人から離れたところ、より具体的に言うと街全体にも張り巡らされるだろう。するとどうなるか。街からデータを取るのだ。どのくらいの交通量があるのか、街のどこに人気のスポットがあるのか、どこにお腹を空かした人がいるのか、そういったこともインタフェースの発展でわかるようになるだろう。

街のインタフェースに関連する最新技術として、ＣＶＰＲという学会の「Realtime MulchPerson 2D Human Pose Estimation Using Part Afinity Field」※4という論文で公

開されたOpenPose（オープンポーズ）がある。これは二次元動画から身体の姿勢（ポーズ）を推定することができる技術だ。そこからその人がどのように歩いているか、動いているかがわかるのだ（P150に動画のURLを記載したのでぜひご覧いただきたい）。

もう少し従来のCV（Computer Vision：画像認識）技術と、OpenPoseの技術について説明していこう。

従来のCV技術での人の動きの検出方法は、まず何人の人がどの位置にいるかを検出して、そこから人のポーズを二次元から三次元に分類していく。従来のCV技術では、人の位置の検出に失敗すると、そもそもアルゴリズムとして成り立たない。

次に、それぞれ別々の人数分、個別に身体の部位を見つけ、それぞれの身体の部位をつなげて姿勢推定する。例えば、Aさんの肩の位置を見つけて、Aさんの肩の位置から肘を探して紐づける。5人いたら5スレッド、そこからさらに何スレッドかに分けて姿勢推定する必要がある。身体の姿勢（ポーズ）を推定の成功率も低く、計算コストも高かった。

OpenPoseの技術では、まず画像中にある全ての身体の部位を見つける。次に、動画の特性を利用して、身体の部位と関連する方向に動いている他の身体の部位を探して紐づける。例えば、誰かの肩と近い動きをしているもっともらしい肘を探し出してそれをつなげてポーズだと認識する。これなら成功率も高く、計算コストも低い。

OpenPoseは、オープンソース化されて、一般に商用利用以外は使える。商用利用の場合は交渉が必要だ。顔認識と連動させると、顔の表情や身体の大きさや動きがわかるので、どのように歩いて、どのように動いていて、どういうことを考えているのかということがわかってきたりする。しかも並列で複数人数の体の動きがわかって、それに顔の表情の認識も加わると、複数人がどういう風に動いていて、どんな表情をしているかがわかる。それを機械学習すると、集団犯罪や集団意思も検出されてくる。

また、時系列の研究にも注目が集まっている。

東京大学篠田・牧野研究室の研究者らは、機械学習を用いて0・5秒後の運動をリアルタイム推定する体動予測システム「Computational Foresight」[※5]を提案した論文を発表した。これは、人の動きを測定し、ニューラルネットワークを用いて、リアルタイムに0・5秒後の人の動きを推定し出力するシステムだ。

被験者にジャンプをしてもらい、その際の動きを測定し、リアルタイムに予測されている様子の実験映像が公開されている（P150に動画のURLを記載したのでぜひご覧いただきたい）。

こうした時系列に関する技術はこれまでインタフェースであるカメラが未発達であったが、現在では高性能化、また安価になってきたため、細かい秒数の時系列データを容易に取得できるようになった。最近ではウェブカムでも高速になってきて、120fps[※6]といったスペックも珍しくはない。

つまり、安価でいい画質の動画が撮れるカメラが出てくると、未来予測がしやすくなる。それがサービスインして街が未来を予想するようになるのだ。

さて、高性能のカメラの次に出てくるインタフェースに注目してみよう。

おそらくサーモグラフィーや赤外線カメラのように体温を検知するインタフェースであろう。特にサーモグラフィーカメラが高速かつ安価になってきたら、人間の体温の変化がわかり、どういう服を着ているかもわかってくる。**集団としてここの街の人はお腹を空かせているとか、怒っているとか幸せそうといったような感情もわかってくるだろう。**

近年、時系列データから推測されるＡＩが一般ビジネスにも普及してきたので、街にデバイスが出回ってくると、街が時系列的にどう変容していくのかが捉えられるようになる。災害が起きたときにどのように人が動いていて、過去の情報から今がどうなっているかが、データとして蓄積されていくと、街が1秒後、2秒後、10分後にどのように変容していくかが推測できる。そうなったときにこれから交通量が増えて人が困るから、一部の違う人をバイパス通りに誘導しようとか、お腹を空かせる人が増えてくるから屋台を増やして設置しようとかあらゆる対策を取ることができるようになる。ある地区に人がたくさん集まる可能性が出てきたら、警察官やロボットを配置するなど防犯上の対策も取られるだろう。

こうした変化は、インタフェースの発展を見ない人には、あたかも街自体が知性をもって動いているように見えるかもしれない。今まではデータの解釈をするのは人だったのが、出てくるデータの解釈やその次の判断までシステムが行っていくようになるきっかけとも言える。こうした動きは２０２２年ぐらいには、現実のものになるだろう。

街にセンサーシステムが組み込まれると、街にいる人がどのようなことを考えて、何をしているのかを検出し、予測するインタフェースになる。

反対に、それを処理するアクチュエータが、ビッグデータを集めて、ＡＩ処理されて情報を出すという意味では、現在街にあるような電光掲示板だけでは足りないだろう。

意識の過密地と過疎地の発生

前章のBodySharingの解説では、認知科学的な意識の移動について解説した。ロボットや人を使って意識を移動させる。この技術が普及すると、地球上は「人気の地区」と「人気がない地区」に分かれるだろう。

おそらく、ハワイやブラジルのイパネマビーチなどのリゾート地は人気が出る。ただでさえ、観光客が多いのに加え、移動のコストがなくなることで、短い時間でもリフレッシュを目的として移動する人が多くなるだろう。こうした地域は多くの人の意識が集まり、「認知科学的な意識の過密地」と化す。

一方で、人気のない地区もある。例えば、本書の原稿を執筆している著者がいる東京都の青海は、倉庫街で空き地の広いスペースにたまにライブやサーカスイベントが来る程度。最近になってオフィスも少し入り始めたが、人気がない。

人気がない地区は、どうなるか。考えられる未来として夜、街から人の認知科学的な意識がいなくなるだろう。青海は一部オフィス街だから、セキュリティもしっかりしていてそれほど犯罪も起きないだろうが、一般の居住地では事態は深刻になる。人気がない地区では、多くの人が先のハワイのような人気がある地区に認知科学的な意識を移動する。人の認知科学的な意識は2か所以上に保てないので、例えば強盗が入っても気づけない。強盗に傷つけられそうになっても、抵抗しにくいという問題が発生する。住宅地としては住居が密集していて、人もたくさんいるはずの夜に住民全員がBodySharingでハワイに行ってしまったら、「認知科学的な意識の過疎地」になる。そのため、障害事件や窃盗事件が横行するなど、犯罪が起きやすくなる。そうした**犯罪が起きないようにルールを設けなければならない。**

なかなか自分ごととして捉えづらい問題のように思えるが、身近なところでも類似した現象が起きている。それは「歩きスマホ」だ。

歩きスマホも、身体は歩いているが、認知科学的な意識と注意がアプリの中に移動してしまう場合がある。そのため、すぐそばに自動車が近づいていても、気づかずに、あるいは避けずに、轢かれてしまうケースがある。

これがバーチャル空間であれば、ＨＭＤをつけてしまっているため、遠隔地に認知科学的な意識が行っているときの危険回避は、さらに難しい。

そのため、社会制度を整備しなければいけない。例えば、「操作をするときには安全柵を設置し、３００人いる地区では１００人までしか同時にBodySharingをしてはいけない」といった制度である。

認知科学的な意識の移動から話は広がるが、**ロボット移民**という新しい移民の形が生まれる可能性も考えられるだろう。

実際に移住はせず、身体、国籍、住所は本国に置いたまま、ロボットだけ移住させた上でBodySharingで働くというものだ。

労働力が不足している日本では、こうした動きは歓迎すべきものだとは思うが、こうした新しい移民との文化衝突は起こりうるだろう。そうした文化衝突をいかにして避け、社会を発展させていくのかという視点での政策を含めた社会制度が求められる。

意識の過密地と過疎地の発生に関するルールのシミュレーション

さて、インタフェーステクノロジーの普及によって、場所を飛び越えた情報を取得できるようになると、意識が過疎化する可能性があると前節で述べた。BodySharingの間は強盗に入られても気づかないことも考えられるだろう。それが地域単位で起こったらどうなるだろうか。

例えば、BodySharingを使って東京の多くの人がモルディブのビーチに設置されたロボットに入ってしまうと、治安悪化の可能性がある。そのとき、どのルールで人の意識の移動を制御したらいいか?

まずは日本の各都道府県で経営学と生態学の知見から、工学的にシミュレーションを行ってみた。各都道府県のそれぞれ魅力をデータから算出し、人の趣向（シグモイド関数）によりBodySharingのシミュレーションを行ったのだ。日本の現状のルールがない状態では、大阪に人気が集まり、大阪に意識が過密するだろうという結果が出た。

こうした意識の過密地ができるという前提のもと、ルールを5種類提案してシミュレーションを実施した。その結果、制限に関するルールは有意であるが、予算に関するルールは有意とは言えなかった。図中の色の濃い地域が、意識の過密あるいは過疎が起きる地域である。なおシミュレーションのデータ元はRESASという政府機関の人の移動に関するデータを用いた。

5種類のルール

ルール1：時間制限。一日に何時間しかBodySharingしてはいけないという時間制限。

ルール2：流出制限。この地区にいる人は何人しか認知科学的な意識を外に出てはいけないという制限。

ルール3：流入制限。この地区には何人しか認知科学的な意識を外から入れてはいけないという制限。

ルール4：魅力が低い地域（σ -0.5）に予算追加。それぞれの地域に魅力があるが、魅力が低い地域には、予算を追加して魅力アップさせる。

ルール5：魅力が高い地域（σ +0.5）に予算減。魅力がありすぎる地域に関して予算を減らす。

結果はP138~139の図の通り。縦軸が人口密度の分散の程度で、横軸がルールの種類。あまり分散していると過疎地と過密地区がバラバラに分散しているということなので、よくない。もちろんルールがない状態だと過度に分散していることがわかるだろう。

さて、前述の通り、新しいインタフェースが出てくると、人、生活、社会、街まで時系列的に分析し、ルールを形成していかなければいけない。

残念ながらルール、つまり法整備に関しては、人災も止むなしでトライアンドキャッチを何度も繰り返していくのは現実的ではない。しかしながら、早急に法整備をしなければ、テクノロジーの導入が遅れるという問題にあたってしまうという状況でもあるのだ。

図表4　シミュレーションの結果

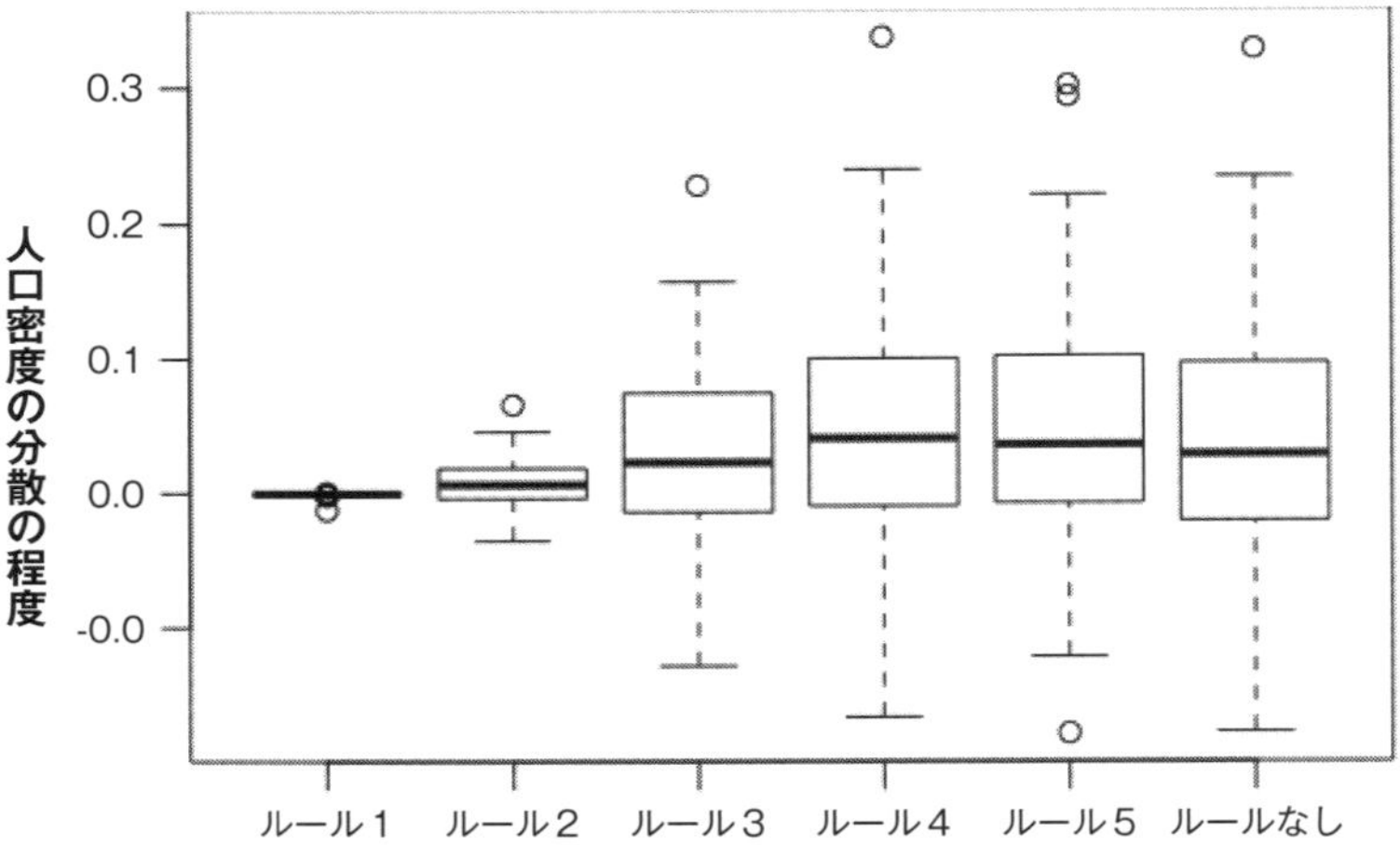

5種類のルール

ルール1：時間制限。一日に何時間しかBody Sharing してはいけないという時間制限。
ルール2：流出制限。この地区にいる人は何人しか認知科学的な意識を外に出てはいけないという制限。
ルール3：流入制限。この地区には何人しか認知科学的な意識を外から入れてはいけないという制限。
ルール4：魅力が低い地域（σ -0.5）に予算追加。それぞれの地域に魅力があるが、魅力が低い地域には、予算を追加して魅力アップさせる。
ルール5：魅力が高い地域（σ +0.5）に予算減。魅力がありすぎる地域に関して予算を減らす。

箱が縦長の場合、分散が大きい。
「人口密度の分散の程度」が大きくなると、人口密度が極端に高い地域と極端に小さい地域が多くなり、治安悪化の可能性がある。

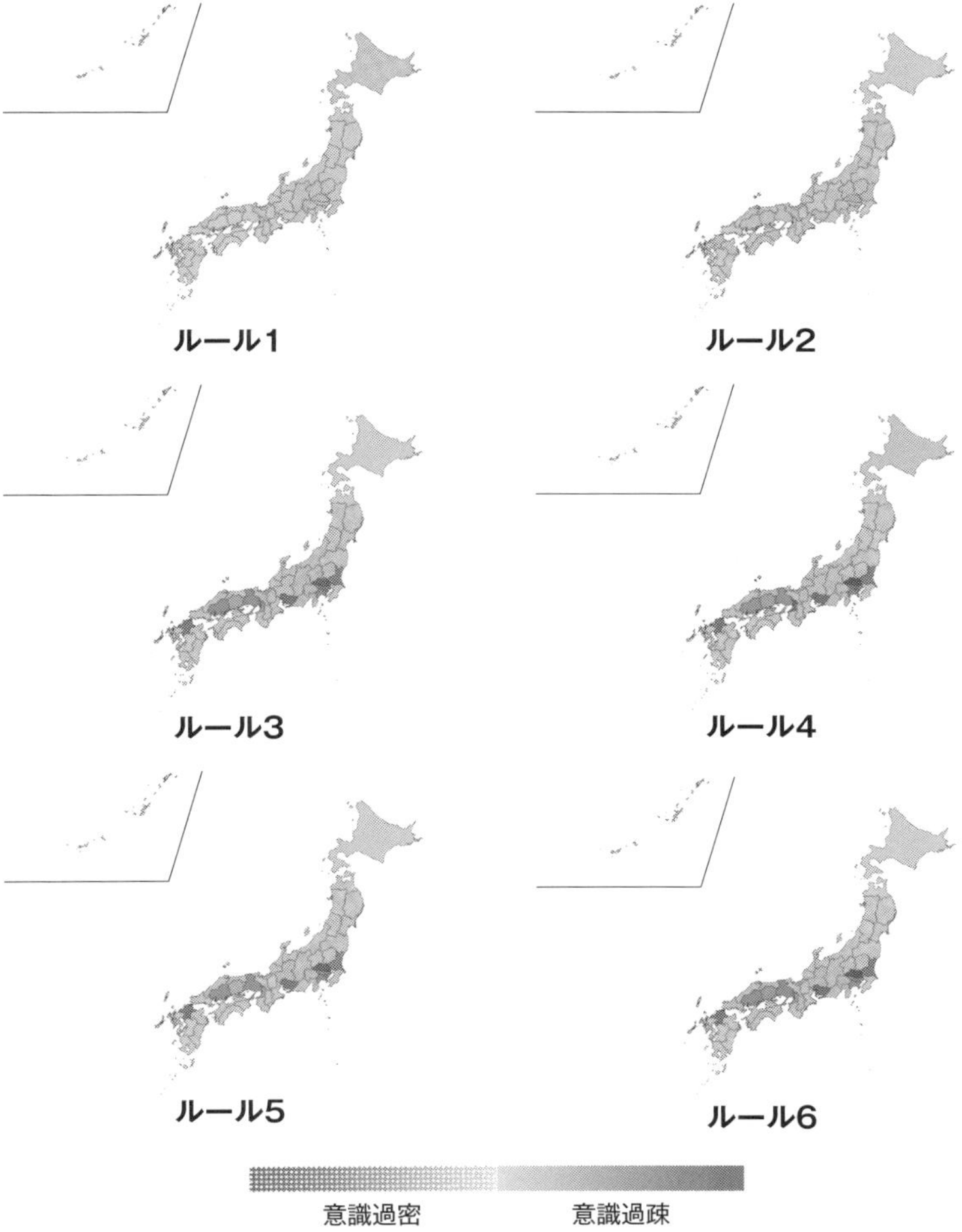
ルール1
ルール2
ルール3
ルール4
ルール5
ルール6
意識過密
意識過疎

図表5　ルールがない状態で意識が過密する都道府県ランキング

順位	都道府県	意識の増減率
1	大阪府	11.158
2	山梨県	3.03584
3	長野県	2.87834
4	静岡県	2.46007
5	鳥取県	2.17312
6	沖縄県	2.00836
7	福井県	1.92628
8	和歌山県	1.79143
9	栃木県	1.78693
10	島根県	1.78037
11	石川県	1.61388
12	高知県	1.61193
13	大分県	1.52606
14	群馬県	1.4817
15	徳島県	1.4782
16	山形県	1.47286
17	佐賀県	1.42804
18	三重県	1.39024
19	千葉県	1.37941
20	京都府	1.37581
21	香川県	1.29631
22	長崎県	1.22633
23	岩手県	1.21657
24	福島県	1.17014
25	秋田県	1.15963
26	新潟県	1.13253
27	富山県	1.1235
28	鹿児島県	1.04749
29	宮崎県	1.04598
30	滋賀県	1.02921
31	熊本県	0.999636
32	青森県	0.988434
33	北海道	0.968404
34	愛媛県	0.906008
35	宮城県	0.901996
36	山口県	0.88741
37	奈良県	0.881643
38	岐阜県	0.858874
39	岡山県	0.67737
40	兵庫県	0.570294
41	神奈川県	0.569026
42	広島県	0.560858
43	東京都	0.558679
44	茨城県	0.422593
45	福岡県	0.359667
46	愛知県	0.323274
47	埼玉県	0.138094

共感性と文化

今現時点でもソーシャルメディアによって文化の伝達が行われている。その前の時点でも文化の伝達手法であるメディアは多数存在した。新聞、雑誌、書籍はもちろんラジオ、テレビやウェブ記事などだ。

以前のメディアでは、基本的に編集者や記者が情報を集めて分析し、メディアを通じて情報を発信していた。2010年代からソーシャルメディアが一般化し、専門の記者ではない一般の意見が発信されるようになり、その一般の意見に注目が集まってきている。

ソーシャルメディアには利点が多くある。その利点の一つとして、世界中の人がニッチな情報にもアクセスできるようになったことが挙げられる。何かしらの情報規制があってアクセスできなかった情報にですら、ユーザがネット検索するだけで情報を取得できる。

例えば、一般的には注目されない情報として、「最新の文鳥の飼育」の情報がある。おそらく、本書のほとんどの読者にとっては、興味のない情報かと思われる。文鳥の餌のトレンド、健康法、最新お風呂グッズ、文鳥飼いの幸福感の議論、そのような情報を探すには、専門書を複数購入し運良く見つけるか、他の文鳥を買っている友人知人達に聞いてまわるしかなかった。

しかし、現在は、ソーシャルメディアの普及によって、一般の意見として「最新の文鳥の飼育」の情報が大量に発信され、求められる情報はシェアされ、意見交換されている。**つまり、ソーシャルメディアを通じて、ニッチな情報でも一般の意見が大量な発信され、評価されている。**

一方で、ソーシャルメディアの欠点も徐々に明らかになってきた。有名な欠点として、エコーチェンバー現象（別名：エコーチェンバー効果）があげられる。エコーチェンバー現象とは、自分と同じ意見があらゆる方向から返ってくるような閉じたコミュニティで、同じ意見の人々との交流を繰り返すことによって、自分の意見が増幅、強化されると感じる現象のことである。

コミュニティの内部では、コミュニティ内の見解には疑問が一切投げかけられず、増幅強化されて反響し続ける。さらには、異なったり対立したりする見解は検閲禁止されるか、シェアされずに消されてしまう。結果、コミュニティ外から一般的に真実でないと評価されることでも、それが真実であるとコミュニティ内のメンバーは信じてしまう。

ソーシャルメディアでは、つながりがあるユーザ同士の情報、ユーザが発信あるいは関心がある情報、類似する趣向の情報がタイムラインに提示される。つまり、ユーザ自身の意見と異なる情報は、ソーシャルメディアでは得られづらい。

「インターネットで情報が共有されていくと文化交流が深まり、異なる意見の人の共感性が高まるのではないか」と一昔前は言われていた。しかしながら、ソーシャルメディアはコミュニティ形成によって、その逆をいっているのである。
インターネットが今現時点で普及した段階でコミュニティが世界中に広がり、世界中で大きなコミュニティができると考えられていたが、実際には細分化かつ隔離されたコミュニティが世界中にできてしまったのである。

ただ、補足ではあるが、コミュニティの語源は、ラテン語のコミュニスで「共有」を意味する。本当の意味でのソーシャルメディアのコミュニティ形成システムはこれからであると期待したい。

さて、今後xRやBodySharingが普及されていったときに、細分化かつ隔離されたコミュニティが強化されて文化が交流する機会を失うのか？　あるいは、共感性が高まるのか？　が、気になる点である。現状のソーシャルメディアのコミュニティ形成システムを流用し、インタフェースとテクノロジーが発展していけば、さらに文化は交流する機会を失っていくだろう。

xRやBodySharingの使用ログで分析された類似する意見のコミュニティ内だけでリモートワークで仕事をし、プライベートも類似するコミュニティ内で交流し、類似する意見からお勧めされた品物に囲まれて、お勧めされた一日のルーティーンで生活する。仕事場での意見の対立もなく物事は進み、友だち間の意見の対立なく、家族間での意見の対立もなくなるだろう。仕事はスムーズに進み、友だちと楽しいことだけ共有し、家族とルーティーンでお勧めされた素晴らしい経験を積んでいける。何か問題が起こっても、お勧めされた商品と思考方法で解決である。

私は、人類の英知として、情報が溜まるなら、それでも良いのではないかと思う。ただ、日々の意見から始まる文化の交流と共感によって、人類は新たな文化や思考を築いてきた。その仕組みに代わるものがなければ、次のインタフェースとテクノロジーに最適化されたポストソーシャルメディアを流されるまま使用するのは、少し危険かもしれない。

まず、コミュニティの中にからめとられると、自分の意見が希薄になり、自分の文化、自分とその周囲のコミュニティでつくる文化自体もが曖昧になり始めるのである。現状のままであると、ポストソーシャルメディアで発生する文化は、線形の生態モデルでもシミュレーションできるような文化形成になってしまうだろう。つまり、文化対立が激化するのである。

では、我々はどのように情報を取り扱えば良いのか。

自明であるが、ポストメディアの開発側は対立意見の交流にも配慮し、ポストメディアのユーザもどういう意見が世の中にあるのかというのを、複数から情報を取得することを意識しよう。あるいは、自分と類似する意見が従来のメディア、ソーシャルメディアやポストメディアで発信されていない場合は、意見の交流のチャンスである。**意見のユニークさは文化の多様性形成と交流に貢献するので、積極的に発信し、対立意見にはできるだけ共感し受け入れていこう。**

目に見えないものを判断するために求められる社会制度

人の目に見えないものは承認されづらい。裁判において犯罪や事件の判定には、しばしば映像が用いられてきた。犯行の瞬間やその前後の犯人の行動などが証拠になり、有罪になることも珍しくはない。他にも指紋も目に見える証拠として承認されやすかった。

ところが、DNAはどうだろうか。

日本においては、DNA鑑定が法整備されるまでに長い時間を要した。DNAは見ようとすれば見えるものの、専用の機器を使用する必要があり、肉眼では見ることができない。そのため、導入に非常に時間がかかった。

しかしながら、DNAという概念自体は理解しやすいものだった。人ごとに遺伝子が違うというのは、直感的にも理解しやすいことなのだ。

これから登場するデバイスとシステムというのは、どうだろうか。**デバイスとしてのカメラやサーモグラフィーまでは理解できるが、その先、AIが犯罪を検知し、判断したとしても人はどのような過程でその判断に至ったかを理解できない。**同じAIでも機械学習[※7]までなら人の理解が追いつくが、深層学習[※8]になってくると、人には理解ができない。まさに「テクノロジーによって見えないことは理解できない」という好例だ。そのようなときであっても、被害者は存在し、AIは犯人を特定している。しかし、集まっている証拠を勘案しても人は犯人を判断することができない。こうした分野では法整備が待たれている。

AIの学習が最適であるかという問題もある。いじめやセクハラといった問題の難しいところは、その線引きである。いじめをいじめだと判断し、止めるのはいいことに思えるが、当事者から見ればいじめとまでは言えないものにも、いじめと判断してしまうのは、時にいじめ予防にもならず、過学習と言わざるをえない。

他にも様々な分野に過学習はある。こうした問題のどこで学習を止めるかという法整備に関しても一定の線引きが求められる。

法整備を担う人には研究者並みの知識が求められるだろうが、現在の日本でそのような人物がどれだけいるかは疑問を持たざるをえない。かといって、研究者が法整備をするわけにもいかないだろう。

※1 **Unity インターハイ2018** 全国の高校生や高専生、および小・中学生によるゲーム開発の全国大会。統合ゲーム開発環境ソフトウェア「Unity」を使ってオリジナルゲームを開発するコンテスト。

※2 **T型人材** 特定の分野を究め、深い専門知識と経験・スキルの蓄積を自らの軸に据えつつ、多様なジャンルについても幅広い知見を併せ持っている人材。アルファベットのTの文字の縦棒を専門性、横棒を視野の広さに見立てている呼称。

※3 **π型人材** 二つ（または二つ以上）の専門分野を持ち、なおかつ専門分野以外の知識も広く、全体の調整をしたり複雑な課題を解決したりすることができる人材。

※4 **Realtime Mulchperson 2D Human Pose Estimation Vsing Part Afinity Field** https://youtu.be/pW6nZXeWlGM

※5 **Computational Foresight** https://youtu.be/TXbhXgTMtNU

※6 **fps** 「frames per second」の略。動画の1秒あたりのフレーム数。

※7 **機械学習** コンピュータでデータを分析し規則性や法則を抽出すること。また、データから抽出された規則性や法則を用いてコンピュータに投入されたデータを自動的に分類すること。

※8 **深層学習** コンピュータによる機械学習で、人間の脳神経回路を模したニューラルネットワークを多層的にすることで、コンピュータ自らがデータに含まれる潜在的な特徴をとらえ、より正確で効率的な判断を実現させる技術や手法。ディープラーニングとも呼ばれる。

CHAPTER 5

テクノロジーが実現する未来を迎えるために

主な内容

❶

スペシャリストからジェネラリスト、
T型人材やπ型人材から
広く専門性を持っている
円錐型の人材へ

❷

3、4年以上先を見越しながら、
自らのスキルセットアップを
デザインする

❸

詳細な人事評価による
履歴書とともに、
高い倫理観が求められる

あらゆる制約が社会からなくなる

前章では、空間と場所の制約がなくなることで経済格差や教育格差がなくなり、その結果生じる様々な社会の変化と求められる社会制度を考察した。

空間と場所の制約はテクノロジーによって徐々に解放されていく。

そのほかにも、外見の制約、年齢の制約もなくなっていく。

これらの制約がなくなった例としてわかりやすいのは、Vtuberの登場だろう。

モーションキャプチャーにより美少女キャラクターを動かしているいわゆる「中の人」は実際には年齢も性別もキャラクターとは異なることがほとんどだ。

こうした制約がなくなることは、日本社会にとって大きな利点をもたらすと私は見ている。

日本はこれまで多くの人口を抱える国に対して対等に競争しきれていなかった。今後は多くの人口の国々とどのように競争していくかが鍵となる。そのためには、早いうちから能力を高めるための教育に取り組んでいくことが欠かせない。

これは、以前から言われていることだが、教育は自分自身への先行投資になるものだ。教育といっても、今までやってきたような「グローバル社会に備えて英語を勉強する」というものではない。本書での主題であるテクノロジーとインタフェースの変化に注目するのだ。

「インタフェースが変わるから、未来がこう変わる。私はもっとこんな未来になってほしい。だから私はこういう教育を受けておこう」という発想が求められる。

こうした視点を持ちながら教育履歴を作っていくことが大切なのだ。

加えて、これからの社会は今以上に能力重視となる。能力重視での競争が強いられる社会では、**できるだけ他の人とかぶらないような個性を身につけられる教育を受けるよう自らに課す**といい。反対に、必要のない教育は受けなくていいだろう。

図表6　従来の教育とこれからの教育の特徴

	従来の教育	これからの教育
教育履歴	履歴書	ブロックチェーン化されたログ
特　徴	●塾がある地域とない地域で進学率、賃金に地域格差が生じる ●優秀な教師がいる地域といない地域がある	●教育履歴の記録から最適な教育を受けられる ●優秀な教師が他国に流出する可能性がある ●xR、BodySharingの活用により、遠隔地でも現実に近い教育を受けられる ●他の人とかぶらない個性を身につける

例えば、英語。

これは英語を全く学ぶ必要がないという意味ではない。単純な英語の教育は必要なくなりつつあるということだ。

それでは、何を学べばいいのだろうか。

それは**コミュニケーション手法**である。これからは英語を学ぶとしても、コミュニケーションのために英語圏の人の文化を学ぶ教育が重要になるのだ。ただの語学取得のための教育は受けなくてもいいが、英語圏の人と渡り合うため、相手の文化を知ることが必要だ。

このように教育プログラムも従来と変わらなくてはならないし、それを個人が選択していかなければならない。

ジェネラリストが生き残る時代

「AIが人の仕事を奪う」
「AIによってなくなる仕事」

これらは2010年代に盛んにメディアで論じられてきた言説である。たしかに、なくなりつつある仕事もあるだろう。これは18～19世紀の産業革命でも見られた現象である。

AIにできること、特に簡単にできることとは何か。
私は、専門的な技術と言われる分野は簡単にAIに代替されるだろうと見ている。
一方で、AIができないこととは、人に見える倫理観で統括的に物事を判断する思考、そしてその人が判断したという主張だろう。ここから考えると、いわゆるジェネラリストと呼ばれる仕事はＡＩが普及した社会でも残るのではないか。

これまでの社会ではスペシャリストが重宝されてきた。

スペシャリストはそれぞれの分野において高い専門性を有している。そのため、専門的な教育を施された者が現れない限り、仕事を得るのは容易であった。

ここで言うジェネラリストとは、まさにそのスペシャリストと対になる概念である。一つの専門分野を極めているスペシャリストとは違い、**複数の専門分野を横断的に理解し、統括判断ができる人**を指す。

スペシャリストはその高い専門性ゆえに、ＡＩに取って代わられる可能性が高い。メディアやソーシャルメディアで頻繁に言及される「ＡＩが来たら、工場の工務員のような単純労働に従事している人は仕事がなくなる」という言説は、18～19世紀の産業革命時の発想である。あまり注目されていないが、ＡＩによって一番なくなると思われる仕事は、高い専門性を有する仕事だ。

例えば、翻訳家だ。これまでは高い専門性ゆえに人同士の競争では優位性があった仕事だが、ほとんどはAIに取って代わられてしまうだろう。

それでは、これから残るジェネラリストとは具体的にどのような仕事を指すのだろうか。

近年登場したジェネラリストの仕事で顕著な例として、YouTuber※1が挙げられる。多くのYouTuberは動画の企画や出演、撮影、演出、編集、配信を一人でこなしている。テレビが出演者と製作者が分かれ、製作者もカメラマンやディレクター、編集マンといったようにスペシャリストで分業しているのとは正反対の製作手法を取っている。これもテクノロジーの力によって実現ができた。

YouTuberの場合のテクノロジーの力とは、主に編集ソフトだろう。かつては高価な専用の機械を用いて編集をしていたものが、今では安価かつ手軽にコンピュータのソフトウェアでできるようになった。その上、AIが組み込まれ、機械学習により背景の除去やクロマキー合成などが簡単にできるようになった。こうしたテクノロジーの進化も編集マンというスペシャリストの仕事に代わり、全体を統括するジェネラリスト＝

YouTuberがコンテンツを作れるようになったからだろう。

スペシャリストはテクノロジーの発展によって徐々に少なくなっていく。

もう一つの例として、かつて印刷の主流だった活版印刷で活字を一字ずつ拾っていた植字工とその他の出版関係の仕事の関係を考えてみよう。

植字工は、その後デスクトップパブリッシング[※2]が主流になったことで、姿を消した仕事である。

それでは、印刷と出版業界ではどのような仕事が残ったのか。編集者や校正者、そして活版印刷ではない印刷所は残っている。この残った仕事はそれぞれに統括的な判断が求められるジェネラリストだったということだ。印刷や校正という一見スペシャリストに見える仕事でもその実、ジェネラリストだということもあるのだ。

私たちは、今なろうとしている仕事や始めようとしている事業が、スペシャリストなのかジェネラリストなのかを確認しなければならない。やみくもに技術習得やスキルアップを追求するだけでは、すぐにテクノロジーによって代替されるスペシャリストにな

ってしまう恐れがあるのだ。

CHAPTER4の教育の節でも取り上げたが、今までT型人材やπ型人材のジェネラリスト、つまり一般教養全般はあって、一つ二つスペシャルなことを持っている人材が求められてきた。

今後は、一つ二つ専門性はありながらも、他の分野に関しても多少専門性を持っている円錐型の人材が今後求められてくるだろう。一つ得意分野があるだけではなくて、第2、第3、第4の専門性を持ったジェネラリストが求められてくるのだ。そのためには、いろいろなコミュニティに所属しながら自らのレベルアップを図っていくと自動的に円錐型の人材になっていくのではないだろうか。

流動性が増す社会で働くには

働き方については、仕事の流動性という観点で見ると、さらに変わってきていることが多い。昔よりも転職サービスや人材紹介サービスが増えたり、アジャイル[※3]という仕事の仕組みが増えたり、マッチングシステムがうまくできてきたりしている。

その中で、BodySharingやxRの特徴であるリモートワークは、すでに一部の業界では定着しつつあるが、これが今より増えてくるだろう。アジャイルは社内でのタスクマッチング、フリーランスのマッチングシステムは場所を問わないが業務プロジェクトごとのマッチングである。BodySharingが発展、普及すると、社内に限らず場所を問わないタスクマッチングが進む。つまり、数分単位の細かいタスクまで世界中からの要望に応じて、世界中で働くことになる。

出張に行くときに、直接行くのではなく、自分の体の代わりであるロボットを郵送して、そのロボットで働くというのもあり得るし、現地のロボットを借りる、カーシェアリングのようなイメージでBodySharingすることも増えてくるだろう。そうなったときに、派遣産業が今よりも当たり前になる社会が訪れる。

現在でも秘書の業務は派遣産業に近くなってきている。さらには、秘書業務の中でもジェネラリストとしてではなくて、専門的な領域や電話応対などのサポート業務は完全にＡＩに変わりつつある。

そうなったときに、場所だけでなく、誰と働くかという状況が今と変わるだろう。今日の午前中は東京で、ＡさんとＢさんと、ＡＩのＣさんとＤさんとチームを組んで働き、午後は、北海道でＤさんとＥさんと働く。自分が住んでいる地域が、東京にも北海道にも物質的に移動するには難しい土地だとしても、いろいろな地域の人と働くことができる。

反対に、自分が主体となるプロジェクトのときには、全世界から様々な人材やＡＩを

図表７　Uberの仕組み

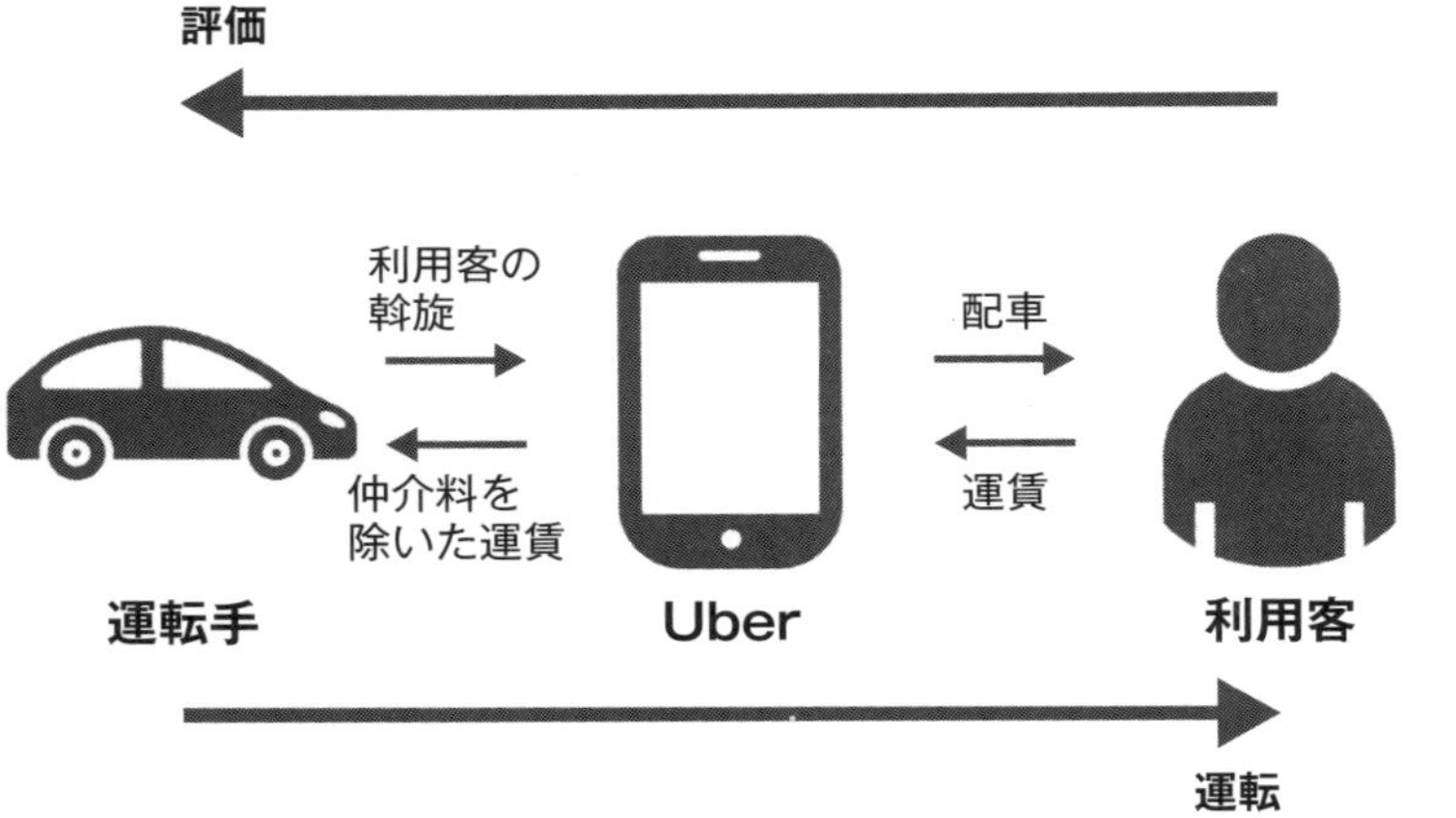

呼んで、チームで働くことができるようになる。

しかし、この働き方の一番の問題点は、人事評価だ。

今この働き方における人事評価で一番近いものとしては、Airbnbや配車サービスのUber[※4]だろう。日本ではUberよりもJapan-Taxi[※5]というアプリが有名だ。そこでは、利用者がサービスがよかったかという評価をする。

それ以外にもクラウドソーシング[※6]のLancersやクラウドワークスも近い仕組みになっている。利用者はクラウドソーシングで依頼をした労働者の評価をする。

大量の評価を仕事の種類ごとにまとめ、人材の適性を測るＡＩシステムはまだ社会に受容されていない。

さて、ＶＲ会議システム、BodySharing、ロボットによるリモートワーク、さらに操作する側もＡＩになってくるかもしれないと考えると、本節で考えてきた働き方は現実味を増してくる。

そうなったときに、何が問題点となるだろうか。一つは、税金や就業規則だろう。BodySharingを導入すると、会社がどこの国家の法律に準ずるのかがまず問題になる。創業場所、経営者がいる場所、従業員がいる場所が全て異なる可能性もある。あるいは、全てが確率的である可能性もある。

例えば、Ｇｏｏｇｌｅはアメリカに本社を置く企業だが、海外事業の中心拠点はアイルランド（アイリッシュ）にあり、さらには各国に経営システムを分散している。これが、大きな節税となっているのだ。しかし、これは政府や拠点となっている国民の経済成長としては大きな損失だ。

BodySharingが進めば、さらに会社の所在は曖昧になっていくだろう。

また、日本の多くの就業規則では、出退勤の時間や場所が定められているが、それも不確定になる。一方で、BodySharingで問題になるであろう代理出勤、機密情報の厳格な取り扱いやインサイダー取引になりうる利益相反の定めがないことも問題になるだろう。


さらに賃金の支払い額も問題になりうる。

現在の日本は、一部の発展途上国に比べると、労働者に対する支払い額が高額だ。ただし、サンフランシスコやシンガポールをはじめとした一部の都市と比べると、支払い額は低い。

これには最低賃金の差もあるし、為替レートの差も関係している。一概には判断できない様々な要素が関係している。このように地域による賃金の差というのは歴然と現れている。この〝差〟というのは地域格差である。

BodySharingやリモートワークの定着で、地域格差はなくなるだろう。そうなった場合、起こる変化として日本にいる人たちは、賃金が減る可能性がある。

これは全世界にいる人たち、そして全世界にあるＡＩと戦わなければいけないからだ。今まで、自分の仕事が日本という地域ではニッチだった、この地域では珍しいジェネラリストだったとしても、これからは世界的に見て、ニッチなのか、置き換えられやすいのか。ジェネラリストなのか、求められる人材なのかというのは、世界基準で見ないといけなくなるのだ。

しかし、ジェネラリストとしての働き方には問題がある。人間が技術を習得するには、一定の時間が必要だ。半年で習得できるかもしれないし、2、3年かかる場合もあるだろう。今、3年かけてジェネラリストになるスキルセットアップを学んで、3、4年後にジェネラリストになったとしても、3、4年後の社会ではそれがニッチではなく、マジョリティだったとしたら、賃金は下がってしまう。

つまり、**3、4年以上先を見越しながら、自らのスキルセットアップを決めていかないといけない。**

既存の履歴書ではジェネラリストのキャリアには対応できない

仕事の経歴を提示するとき、これまでは履歴書が使われてきた。履歴書の職業欄はせいぜい10行から20行ぐらいだろう。また、資格欄も4、5行程度が一般的だろう。

しかし、これから求められるスキルセットアップはジェネラリストだ。**その時代に職業欄がせいぜい10～20行、資格欄が4、5行では、もしかしたら足りないかもしれない。どういう教育を受けて何を学んできて、どのような経験があるのかが重要になる。そうなったときに、履歴書では、もう書き切れないだろう。**

履歴書の問題は研究者にとっては顕著だ。研究者の履歴書は研究の論文や研究プロジェクトがあって、そこで自分は何をやったかということが書いてある。

それだけでなく、先ほど話した論文一つひとつが小さな、半年から長くても2、3年ぐらいの成果（研究分野によっては、10年以上かかる場合もある）、短いと1か月ぐらいの成果が詳しく書かれていて、それが何行にもなっている。多い人は100や200ではすまない成果が並んでいる。

研究者を採用する人は、それを見て「この人は、こういう研究をしてきて、こういうスキルがあって、こういう変遷で、このぐらい経験があるのか」ということがわかってくる。

ただし、これは研究者の論文の査読システムがうまくできているからできることでもある。査読というのは、一本の論文に対して、少なくとも3人、多いときは10人ぐらいがチェックをして、その論文は仕事として成り立っているかどうか、科学技術の発展に役立つかどうかをチェックしている工程だ。

最終的にh-index[※7]やインパクトファクター[※8]などで、研究者がどのぐらいスキルを持って働いていたのかがわかる。もちろん、h-indexやインパクトファクターはサイテーション、引用数、論文の引用数によって決まる。このようにいろいろな方面から評価されているのだ。

研究者はスペシャリストに見えがちだが、実際はジェネラリストだ。それゆえに研究者は珍しい履歴書を持っている。

しかし、こうした研究者と同じように他者の評価を受けながら、膨大な仕事上の成果を履歴書に記載していくのは、非効率だろう。そこを評価するシステムや、人間の信用度を測るシステムが求められる。働いている人一人一人の信用度を測るテクノロジーが発展していくことが予想される。

BodySharingやAIの先にヒューマントラストのテクノロジーが出てきたときに、本当の意味でのリモートワークや、効率的な人材の流動性が確立してくるだろう。今でも、前述の通り中国では、レンタルサイクルによる信用情報を集めている。細かいところまで評価していくことで人の履歴が残るようになる。

様々なインタフェースが発展することで、個人に対する監視がより強化されていく。昔は、監視するというと、カメラで監視するとか、そういうものを想像することが多かった。

最近はＲＦＩＤが発達したり、金銭の支払いであったり、入退室であったり、こうしたことから個人の行動が予測できるようになってきた。

BodySharingまでいくと、身体の動き全体が検出されるため、働いている人の感情の起伏まで検出できるようになる。すると、高い倫理観が求められるだろう。

※1 **YouTuber** YouTubeに動画を投稿し、広告収入を得る人たちのこと。

※2 **デスクトップパブリッシング** パソコンなどを用いて、原稿の入力から編集・レイアウト・印刷などの出版のための作業を行うこと。頭文字からＤＴＰと呼称される。

※3 **アジャイル** 柔軟で効率的なシステム開発によって、迅速なシステム提供を目指すというソフトウェア開発手法の総称。

※4 **Uber** 専用アプリを通じてハイヤーを予約・利用できるスマートフォン向けのサービス。２００９年にアメリカで開始、日本では２０１３年より都心部で試験運行が始まった。

※5 **JapanTaxi** 旧名・全国タクシー。２０１１年より日本初のタクシー配車アプリとしてスタート。全国47都道府県でスマートフォンからタクシーを呼ぶことができる他、事前登録したクレジットカードによるネット決済によって到着前のお支払い手続きが完了する機能などを持つ。

※6 **クラウドソーシング** インターネット上で不特定多数の人材に対して業務内容と報酬を提示し、仕事を発注する手法。

※7 **h-index** 論文の被引用数に基づいて算出される、研究者の評価指標の一つ。h指数とも呼ばれる。

※8 **インパクトファクター** 学術雑誌の重要性または影響度を定量化した指標の一つ。主に自然科学、社会科学分野の学術雑誌について、掲載論文の年間の被引用回数から求められる。

CHAPTER 6

インタフェースの広がりと課題

主な内容

❶

お金（人の信用）とインタフェースのつながりが強くなっていくなかで、新しいインタフェースが出たときには、「社会や政府がどのように自身をスコアリングするのか？」を読み解いて動く

❷

AIによる最終的なシンギュラリティが来た時点で万が一人類が進化しなければ、人類の知性的な意味での意義は終了する

❸

まずはインタフェースが、人間の情報をどの程度コンピュータに入出力できるのかによってテクノロジーの発展を予想する

お金とインタフェース

本書では、ここまでインタフェースやテクノロジーで社会や人間の生活と思考がどのように変わっていくか、未来が変わっていくかという話をしてきた。

ここからは、今すでにあるテクノロジーや社会システムとからめて、現状とこれからの展望を見ていこう。

具体的には、クレジットスコアリング、日本語で信用スコアリングと呼ばれているものだ。

まず、顕著な動きとして触れたいのが中国のアリババ[※1]で始まったジーマ信用[※2]だ。セサミ・クレジットとも呼ばれているものだ。

図表8　ジーマ信用の5つの領域とスコア区分

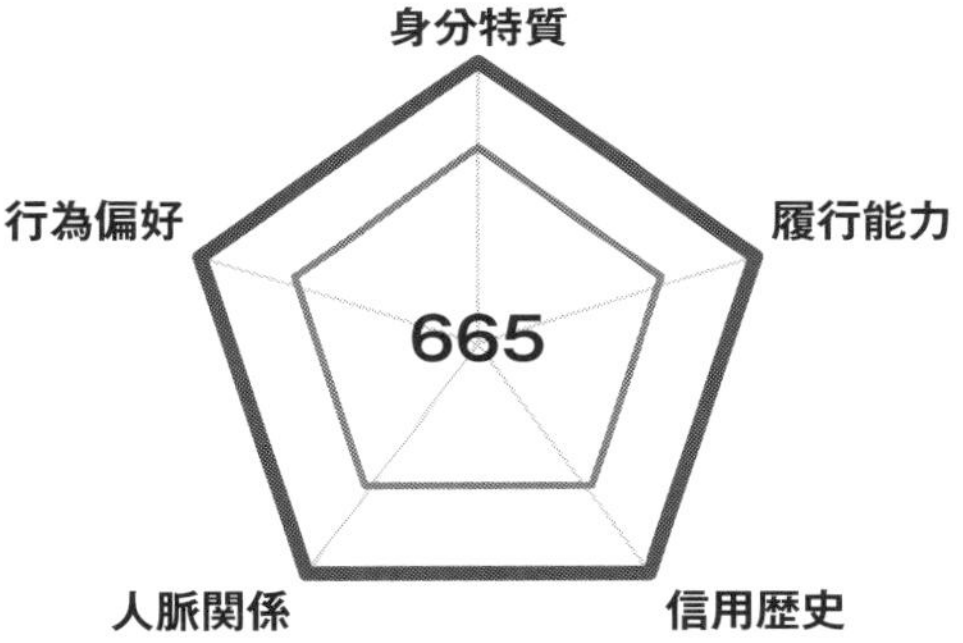

ジーマ信用スコア区分	評価
350 ～ 550	信用較差
550 ～ 600	信用中等
600 ～ 650	信用良好
650 ～ 700	信用優秀
700 ～ 950	信用極好

出典：総務省「海外におけるCTを活用した労働参加・質の向上及び新サービスの展開に関する調査研究」（平成30年）（中商情報ネット、百度経験等を元に作成）

今中国で何が起きているのか。

端的に言うと、今まで物品取引やサービス取引でしかなしえなかった信用の取引がそれ以外でも、行われるようになってきている。実際のサービスを受けたときの取り扱い方や生活リズムまで、〝信用〟の中に含まれるようになってきている。

中国では特に物理的なお金よりもスマートフォンで払うアリペイ[※3]などキャッシュレス決済が一般普及してきていている。そのおかげでいつどういう状態でその人がお金を払って、そのサービスを受けたのかがデータとして残るようになった。

単純にお金を払った、お金を返したという

ヒストリーだけでなく、何かしら購入したサービスをもって、どういう風にサービスを受けたかとか、もしくはどんな風に生活をしているかまでわかるようになってきた。

具体的な話に落とし込むと、CHAPTER1で解説したレンタルサイクルの利用履歴も含まれる。

また、ウェアラブルデバイスがさらに普及すると、心拍を測定して、所有者がどのくらい大舞台でも緊張せずに堂々としていられるかとか、大きな仕事の取引をやっているかどうかというところまでチェックされるようになる。

インタフェースによって人間のスコアリングまで変わってきているのだ。

筋力量まで測れると、この人はジェスチャーを使って人と話すことが多いとか、翻訳機能が発展してくると、この人は国際的に活躍する人といったように、詳細なスコアリングができてくる。

そのスコアリングに対する評価は企業ごとに異なるだろうが、評価形式もインタフェースによって変わらざるをえず、今まで人がもっていたインタフェース、スマートフォンから、次にどのようなデバイス、インタフェースを人が持つようになって、どういう風に評価されてくるのか、どういう生活様式が人に求められてくるのかというのが予想できてくる。

その予想から信用情報や今後求められる人材という予想ができてくるだろう。

新しいデバイスが出たときに、利便性という観点だけでなく、**これを使ってどのように企業もしくは政府がスコアリングするのかというところまで読み解く力が必要**になってくるのだ。

生命科学による計算

テクノロジーの発展は生物学的な人工生命にまで及んでいる。

2018年11月15日の『ネイチャー』で、研究室で培養された人の脳細胞「ミニブレイン」から人間の脳波が確認されたというニュースが報じられた。

カリフォルニア大学サンディエゴ校の神経科学者アリソン・ムオトリらの研究によるもので、人の脳細胞を培養して作った脳の神経組織から脳波が観測できたのだ。

研究者らは人の幹細胞から記憶や認知を司る大脳皮質の細胞を誘導して、何百個もの脳オルガノイドという脳の組織を培養した。それらは10ヶ月に渡って培養され、人の脳と同じような遺伝子発現をしていることが確認されたのだ。

培養された脳細胞から脳内でのコミュニケーション、つまり意識に類似するもの、人工生命、本当の意味でのＡＩが出てきているかもしれない。これ自体は、インタフェースがない限り、培養された脳がどういう意思をもっているかは確認できず、何も刺激がない状態で脳が発展するというのは未だに実験がされていないため、どう発展していくかわからない。ただ、脳を培養した先に電気信号を与えるインタフェース、もしくは電気信号を読み取るインタフェースが設置されると、本当の意味での意識のある、人と同様の知識や知恵をもった人工知能が発生するかもしれない。

このようなニュースに対する反応として多いものは、人工的な生命の誕生の予兆に対する恐怖であろう。実験の内容としては、心臓の細胞を培養して、細胞が鼓動を始めたというものと本質的には変わらない。それでは、なぜこの種の話題に恐怖心を抱くのだろうか。

そもそも知能自体が脳にあるという考え方をしていることに起因するのではないだろうか。本当は脊髄や神経、大腸をはじめとする消化器官にも知能や知性は備わっている。どの細胞がどのように思考しているかというのは、インタフェースを直接コントロールし、情報を集約している脳にあると思ってしまう。**それほどインタフェースは重要な機能で、細胞学的もしくは生命科学的に人工生命が完全にできても、コミュニケーションが取れなければ、人工生命と一般には認められづらい。**人工生命としてコミュニケーションが取れるという状態になったときに、チューリングテストを完全に突破する人工生命が出てくるのではないだろうか。

また、DNAコンピューティングもこの問題を考えるヒントになる。DNAにはA、T、G、Cという4種類の塩基があって、ほとんどの場合AとTがくっつく、GとCがくっつくという二本の鎖の性質をもっている。

片方がAAAAだったら、TTTTとはくっつくが、TTTGやTTTCとはくっつかないという性質がある。その仕組みを使って、今までのコンピュータだと長い時間がかかったような組み合わせ問題を計算することができる。

「巡回セールスマン問題」が顕著な例だ。巡回セールスマン問題とは、セールスマンがある都市から出発し、全ての都市を訪問した後、出発地点に戻る場合の巡回する順番の最短経路の組み合わせにまつわる問題だ。都市が一つ増えるごとに組み合わせの数は無尽蔵と言えるほど増える。

このように大量で複雑な組み合わせの問題を一気に解いてしまうというのがＤＮＡコンピューティングの考え方だ。

先ほどはＡの鎖とＴの鎖の話をしたが、ＤＮＡだとこれがｍｏｌ（６・０２×10^{23}個）の単位でできるので、大量の分子を一度に扱える。そうすると、大量の組み合わせを一気に作り出して解くことができるため、今までのコンピュータが場当たり的に一個ずつ計算していたことを一度に解決できるのだ。

つまり、すごく古いコンピューティングだとシングルスレッドで一個ずつ考えていく。それがマルチスレッドになって、並列計算するようになり、グラフィックボードで超並列計算ができるようになった。

さらにこれからは、10の23乗並列、10の23乗スレッドで一気に計算できるようになる。

ここまで解説してきたＤＮＡコンピューティングは何に使えるのだろうか。例に挙げた巡回セールスマン問題や「ナップザック問題」といわれる複雑系、もしくは複雑系工学の分野でよく使われる事例での活用が期待されている。

これが解けるようになると、例えば、相乗りバスや相乗りタクシーの最適解が見つけられるようになる。これまでバスは決まったバス停に留まっていたが、「乗りたい」と思ったバス停に行くと適切なバスが来て、乗客は相乗りするものの最適なところで降ろしてくれたり、もしくは「あなたはここで乗り換えてください」とアナウンスを受け、一旦降ろしてもらって、乗客が最短距離で目的地にたどり着けたりするようになる。どのように巡回したら、乗客全員を最適に乗せたり降ろしたりできるかがわかるのだ。

また、先に例示した「ナップザック問題」は、複雑性理論に関する問題で、この問題を解くためのアルゴリズムをみんなで作っていくという問題事例である。

問題の内容は、例えば容量Cのナップザックが一つあり、いろいろな種類の荷物がある。さらに1キロで30円とか、2キロで50円とか、荷物にはそれぞれ別々の価値もっている。これらいくつかのものをナップザックに詰めて、ナップザックに入れた品物の価値の総和が最大化するには、どの品物を選んだらいいかという問題がナップザック問題と言われるものだ。

この問題をどうやって解いていくかというアルゴリズムは、いろいろなものが提案されている。DNAコンピューティングで解くとどういうことが起きるか。

荷物の運搬、流通関係で使えるのはもちろん、流通だけでなく、動的な経営計画であったり、動的な人事計画に使える。最大限に価値を高めるためには何に集中したらいいのかということがわかるのだ。

例えば、飲食店をやっていて、一番儲かるメニューはどれかといった店舗運営上のこと、事務処理を最短時間で終わらせるための一番必要な人材の組み合わせまでもわかるだろう。一瞬で解いて、動的に人員配置する。デパートの中で今この時間から1時間はレディース服にこのくらい人材を配置して、夕方時になったらメンズ服に人員を再配置したほうがいいというように時間帯によって人員配置を全部変えてしまうということも可能になる。このように動的配置ができた方が、売上最大化につながるかもしれない。刻一刻と変わる状況にすぐに対応するためには、今の計算機では追いつかないので、DNAコンピューティングの活用が求められるのだ。

経営関係のオペレーティングシステムは最適化されてくるかもしれない。

人員の最適配置に関しては、これまではアルゴリズムだけで考えられていたのが、最近はそのアルゴリズムをいかに早く実行するかが考えられてきている。つまり、実用化に近くなっているのだ。２０３０年以降は最適配置のサービスインにも注目していったほうがいいだろう。

発展するインタフェースの直接的な問題点

インタフェースの広がりによって、様々なテクノロジーが生まれてはサービスインし、世の中が進んでいる。

一般的にこれまでなされてきたテクノロジーの発展は、人とコンピュータのコミュニケーションだった。もう少し細かく分解していくと、人とコンピュータを通して、人同士がコミュニケーションをする。

これからさらにインタフェースが発展し、身体的な動きもコミュニケーションとして入力するようになると、BodySharingに行き着くだろう。

それだけでなく、「人とロボットの身体のコミュニケーション」そのほかには、「人とバーチャルの世界、もしくはバーチャルキャラクターとのコミュニケーション」もある。
この三つの観点から今後の問題点を列挙していこう。

「人とバーチャルの世界、人とバーチャルキャラクターのコミュニケーション」については、２０１7年の2月よりサービスインしたソーシャルＶＲプラットフォームの「VRChat」が参考になる。

VRChatでは、好きなアバターになりきって、バーチャルワールドでいろいろな人（バーチャルキャラクター）とコミュニケーションをとる。また、利用者は「ワールド」と呼ばれる空間を作成することができる。

VRChat自体は素晴らしいシステムだが、２０１8年にVRChat内のあるワールドで断頭台が設置されたと話題になった。

それに関してあるTwitterユーザが次のようなコメントを残している。

「本日、断頭台のワールドにて合意の上で斬首されてきました。その結果、しばらく動くこともできないほどの精神的な衝撃を受けました。全身から冷や汗が吹き出して、手足が痺れ、力は入らず、意識は遠のき、首に違和感が現れました。VRに魂が引っ張られている人たちは注意です。」（２０１８年10月23日、@Benishoga_2氏のツイートより引用）。

このユーザは３ヶ月で６５０時間以上VRChatをプレイしていた。VRChatの体験中に他のユーザからアバターに触られると、実際に自分の身体に触られているような感覚がするとも発言しており、身体所有感や身体主体感が出ている。

おそらくこのユーザはＶＲで「死ぬかもしれない」と感じたのだろう。現時点ではインタフェースが普及していないので、完全にＶＲの中に意識を導入できているわけではないし、深部感覚がＶＲ上から返ってくるわけでもない。

しかし、ギロチンで首を切られたような感覚がしたということは、完全な没入感はないのに、斬首の感覚に似たような疑似感覚が得られてしまった。もし完全に没入していたなら、精神的なショックはもっと大きくなっていただろう。当然精神的なショックが、身体的な死に関わるかという実験はできないが、危険性は否定できないという問題点がある。

いかに没入感の基準である身体所有感、身体主体感を制御していくかが今後の課題になってくる。これはビデオゲームが普及したときに、「ゲーム脳が危ない」と言われていたことに近い現象だ。

私も中学生のときにシミュレーションゲームを長時間プレイしていた。ゲームの中では、画面下のほうに主人公とコミュニケーションを取るキャラクターがしゃべっているセリフが表示される。次の文章を読みたいときには、ボタンを押し、セリフを送るのだが、話すスピードが非常に遅い性格のキャラクターの場合は、両手の人差し指でコントローラーのR1ボタンとL1ボタンを押して早送りをしていた。連続で数時間プレイした後、学校に行ったときに、友だちがしゃべったときに自然と私の両手の人差し指は動いていた。つまり、R1ボタンとL1ボタンを押して、友だちのおしゃべりを早送りしようとしていたのだ。

これはビデオゲームといえどもゲームの没入感が高まっていたことを象徴的な出来事だ。いわゆるゲーム脳とは違うが、現実とゲームのバーチャルな世界が混同してしまったという状態だろう。

これからインタフェースが発展していく中で、そのまま放置すると没入感の制御がきかなくなってしまう恐れがある。バーチャルの世界では、バーチャルキャラクターの身体が壊れてしまっても、現実の身体には何も起きない。リセットすればいいだけだ。しかし、現実世界では、人が死んでしまうとリセットできないし、腕が切れたら、すぐに生えてくるということもない。外見上すごく似ている両方の世界の接続をどのようにうまくやっていくかというのは問題になる。VRに関するガイドラインのようなものも提案はされているが、エビデンスが出ていない。

また、人とロボットのコミュニケーションの問題点についても考えたい。

「人とロボットのコミュニケーション」は、SF作家であり、生物学者でもあるアイザック・アシモフが「ロボット工学三原則」[※4]を提案している。これがいろいろな映画やSF小説の題材になっている。ぜひ、映画や書籍をご覧になってほしい。

ロボットとのコミュニケーションの問題は、身体主体感、身体所有感だけではなく、現実世界とつながっているので、ロボットの人権問題があることだ。

また、ロボットを操作している人の責任問題にもなってくる。

発展するインタフェースと人の意識の変化

CHAPTER1のAIの定義でも述べたが、一個人の人に医学、生理学、あるいは認知科学的な定義以外の意思、意識や心が存在するかどうかは、解明されていない。**インタフェースが発展し続け、人間の情報をコンピュータに入出力し続けると、いつか私たちの思考や私たちの行動基準をAIが解明するのではないだろうか。**すると、AIが人間自体を再構成することができるようになる。その解明し終わったときが、AIの最終的なシンギュラリティになる。

それではそのシンギュラリティがいつ訪れるのか？
まずはインタフェースが、人の情報をどの程度コンピュータに入出力できるのかにも注目すべきだ。その点でみると、10年後ではまだ人間の十分な情報を入力すらできていないだろう。10年ではＡＩの最終的なシンギュラリティは来そうにない。

さて、10年以上先、インタフェースが整い、ＡＩの最終的なシンギュラリティが来た時点で万が一人類が進化しなければ、生物的な意義はもちろんあるが、人類の知性的な意味での意義は終了する。それまでに全人類で考えて集団意思として進化していければならないだろう。

NOTES

※1 **アリババ** 中国の大手情報技術グループAlibaba Group（阿里巴巴集団）が運営するeコマースサイトの名称。馬雲（マーユン）（英語名：ジャック・マー）が1999年に創業した。

※2 **ジーマ信用** 中国で主流の決済システム「アリペイ（支付宝）」の一機能。関連企業のアントフィナンシャル社が提供する。物販や飲食、ネットショッピングでの支払いや納税、公共料金の支払いなどに利用され、これらの支払い履歴に加え、資産状況や学歴、趣味などの情報に基づき、個人の信用力を点数化するもの。評価は950〜350点の範囲で数値化され、毎月更新される。

※3 **アリペイ** 中国アリババ社が提供するモバイル決済サービス。2003年にパソコン向けECサイトの電子決済サービスとして開始され、のちにスマートフォンにも対応。

※4 **ロボット三原則** アメリカの作家・生化学者アイザック・アシモフが短編集『わたしはロボット』（1950年）で提示した、ロボットが従うべき3つの原則。第一原則「ロボットは人間に危害を加えてはならない」、第二原則「第一原則に反しない限り、人間の命令に従わなくてはならない」、第三原則「第一、第二原則に反しない限り、自身を守らなければならない」という原則からなり、第一原則が最も優先される。SF小説のみならず、のちのロボット工学に大きな影響を与えた。

あとがき

本書では、6つのCHAPTERでテクノロジーの教養、その準備の一つの視点をおってきた。

「まえがき」で〝2~3時間あれば、本書読了とテクノロジーの最低限の教養とその準備の視点が得られているはず〟と記載したが、どの程度かかっただろうか。

集中力を使い切ったとは思うが、定着のために、一度本書の内容を振り返ってみよう。

CHAPTER1 インタフェースを知れば未来がわかる

❶ 次に普及するテクノロジーを予想するには、まずは「インタフェース」に注目する

❷ 「インタフェースとテクノロジーの普及」と「社会の発展」が互いに作用しあっている

❸ＡＩ、クレジットスコア、５Ｇがどのように、どの程度普及するかもユーザとのコミュニケーションに必要な「インタフェース」が鍵となる

CHAPTER２　テクノロジーによって変わる人の身体感覚

❶ｘＲの次は身体を二人以上の複数人数で共有して使うBodySharing
❷遠隔地にいるロボットや他者の身体を借りて、経験を共有しあう
❸現代の「身体ごとの位置の移動」から「認知科学的な意識のみの移動」に移動の概念が変容

CHAPTER３　テクノロジーによって変わる生活

❶場所だけでなく身体の制約がなくなった働き方が始まる
❷家の中の人は流動的になり、地域や異なる世代がテクノロジーを介してつながる
❸教育最適化の一方で、家事や介護に必要なインタフェースは揃い切っていない

CHAPTER4　テクノロジーによって変わる社会

❶ T型やπ型人材よりも優秀な人材を育てるための教育投資の激化と教育コミュニティの多様化

❷ 時系列解析により、現状把握の都市システムから未来予測型の都市システムへと変化

❸ 人口過疎だけでなく「意識の過疎」を防ぐためのルールや、深層学習による犯罪予防のルール施策の必要性

CHAPTER5　テクノロジーが実現する未来を迎えるために

❶ スペシャリストからジェネラリスト、T型人材やπ型人材から広く専門性を持っている円錐型の人材へ

❷ 3、4年以上先を見越しながら、自らのスキルセットアップをデザインする

❸ 詳細な人事評価による履歴書とともに、高い倫理観が求められる

CHAPTER6 インタフェースの広がりと課題

❶お金（人の信用）とインタフェースのつながりが強くなっていくなかで、新しいインタフェースが出たときには、「社会や政府がどのように自身をスコアリングするのか？」を読み解いて動く

❷AIによる最終的なシンギュラリティが来た時点で万が一人類が進化しなければ、人類の知性的な意味での意義は終了する

❸まずはインタフェースが、人間の情報をどの程度コンピュータに入出力できるのかによってテクノロジーの発展を予想する

本書は最低限のテクノロジーの教養であるため、難解だった箇所はぜひ想像力を生かしてディスカッションを重ねてもらいたい。

すでに皆さんは本書を読みながら今後の準備、テクノロジーの活用を想像し、テクノロジー自体を生み出す視点が持てているはずだ。おそらく読みながら、新しい研究、デバイス、サービス、生活システム、制度や施策など想像を巡らせているだろう。

皆さんのこれからの素晴らしい10年に思いを巡らせて、筆をおくことにしよう。

玉城絵美

◆著者紹介◆

玉城絵美（たまき・えみ）

コンピュータとヒトの間で身体感覚を伝達する HCI（Human-Computer Interaction）研究とその普及を目指している。
博士。H2L, Inc. 創業者、早稲田大学創造理工学研究科 実体情報学博士プログラム准教授。
2006 年 琉球大学工学部情報工学科卒業。
2008 年 筑波大学大学院システム情報工学研究科修士課程修了。同学科研究科長表彰受賞。同年、IPA 未踏人材育成事業開発者。
2009 年 東京大学エッジキャピタル (UTEC) にてシーズ探索インターン。
2010 年 Disney Research Pittsburgh にて研究に従事する。2011 年 コンピュータがヒトに手の動作を制御する装置 PossessedHand を発表し、多数の学会で注目される。同年、東京大学大学院にて博士号取得し、東京大学総長賞受賞と同時に総代をつとめる。
2012 年 H2L,Inc. を創業。
2015 年 TechCrunch SF Disrupt, KickStarter にて世界初の触感型ゲームコントローラ UnlimitedHand を発表し 22 時間で目標達成。同年、日経ウーマン ウーマンオブザイヤー準大賞受賞。
2016 年 WIRED Audi Innovation Award 2016。日経ビジネス「次代をつくる 100 人」。科学技術・学術政策研究所 NITEP、ナイスステップな研究者（科学技術への顕著）賞受賞。同年から内閣府総合科学技術・イノベーション会議、科学技術イノベーション政策推進専門調査会にて第 5 期科学技術基本計画の総合戦略に関する委員を務める。
2017 年 外務省 WINDS（女性の理系キャリア促進のためのイニシアティブ）大使に任命される。H2L, Inc. では一般向けコントローラ FirstVR を発表。
2018 年 内閣府 STEM Girls Ambassador に任命される。NewsWeek 誌 Japanese Women Leading the Way-Tech Innovator 掲載。週刊現代「これからの日本を変える研究者 30 人」。ロッキーチャレンジ賞受賞。

視覚障害その他の理由で活字のままでこの本を利用出来ない人のために、営利を目的とする場合を除き「録音図書」「点字図書」「拡大図書」等の製作をすることを認めます。その際は著作権者、または、出版社までご連絡ください。

ビジネスに効く！
教養として身につけたいテクノロジー

2019年2月21日　初版発行

著　者　玉城絵美
発行者　野村直克
発行所　総合法令出版株式会社
〒103-0001 東京都中央区日本橋小伝馬町15-18
ユニゾ小伝馬町ビル9階
電話　03-5623-5121
印刷・製本　中央精版印刷株式会社

落丁・乱丁本はお取替えいたします。

ISBN 978-4-86280-648-2
総合法令出版ホームページ　http://www.horei.com/